태권도 품새 응용
KTA 호신술

● 김영수 김충환 공저
프로젝트 매니저 이종천

대한태권도협회

태권도 품새 응용
KTA 호신술

저자 ｜ 김영수 김충환 공저
프로젝트 매니저 ｜ 이종천

초판 발행 ｜ 2014년 7월 15일

발 행 인 ｜ 문상필
북디자인 ｜ 이한솔
표지디자인 ｜ 이태진
사　　진 ｜ 구현성
펴 낸 곳 ｜ 주식회사 애니빅
주　　소 ｜ 서울시 영등포구 경인로 82길 3-4
　　　　　　(문래동 1가 센터플러스 1118호)
대표전화 ｜ 02-2164-3840　**팩스** ｜ 02-6209-7749
홈페이지 ｜ www.anibig.com
이 메 일 ｜ 0221643840@hanmail.net
출판등록 ｜ 제318-31800002510020080000010호

가격 29,000원

ANIBIG 애니빅

ISBN 978-89-97617-63-0　13690

ⓒ 1. 본 콘텐츠의 저작권은 대한태권도협회에 있습니다.
　 2. 본 콘텐츠는 대한태권도협회 도장지원 사업 지원의 결과물 입니다.
　* 잘못 만들어진 책은 구입하신 서점에서 교환해 드립니다.

KTA 대한태권도협회   KTA 도장지원사업 교육과정 세번째 교재 ③

태극품새 응용 태권도호신술
고려~십진품새 응용 태권도호신술
태권도 동작을 이용한 실전상황 대처법 (유품,단자 과정)

태권도 품새 응용
KTA 호신술

● 김영수 김충환 공저
프로젝트 매니저 이종천

품새를 응용한
태권도 호신술을
단계별 과정으로 수록

ANIBIG 애니빅

추천사

　대한태권도협회 도장지원사업이 어느덧 8년 차를 맞이하는 이때 도장교육 3번째 교재인 "태권도 품새응용 KTA 호신술"이 출판됨을 진심으로 축하합니다. 그동안 대한태권도협회에서는 도장 활성화를 위해 다양한 콘텐츠를 개발하여 지도자교육 및 연수를 시행하고 TV 광고와 다큐멘터리제작 연예 프로를 통한 태권도 홍보를 적극적으로 진행해 왔습니다.

　사랑하는 태권도 지도자 여러분!
　우리는 그동안 태권도 "올림픽 정식종목채택"이라는 공동의 목표를 위해 모두가 한 방향을 향해 열심히 달려왔고 우리는 그 목표를 이루었습니다. 이제 우리에게는 새로운 비전을 설정하고 그 비전을 이루려는 화합과 의지가 필요한 때입니다.
　이러한 비전을 이루기 위해서 여러 가지 일을 해야 하지만 그중 하나가 도장의 정체성 확립이 아닌가 생각됩니다.

이런 측면에서 "태권도 품새 응용 KTA 호신술"이 그동안 지속해온 여러 노력과 지도자 교재인 "KTA 인성교육" "KTA 실전 손기술"과 어우러져 도장교육 정체성을 확립하는데 좋은 초석이 되리라 확신합니다.

앞으로도 대한태권도협회는 도장 관련 사업을 지속해서 지원하여 태권도장 활성화에 힘쓰겠습니다.

끝으로, 이 책이 나오기까지 수고한 저자들에게 진심으로 축하의 말을 전하겠습니다.

2014. 06

대한태권도협회 회장 김 태 환

들어가면서

2007년 대한태권도협회에서는 태권도장 활성화를 위한 목적으로 '도장 발전정책 개발과 홍보전략, 다양한 교육프로그램 개발 등'의 사업을 추진하면서 교과과정 지도지침서 10개 과정의 프로그램 개발에 착수하였다. 필자는 그때부터 태권도호신술 교과과정 개발에 참여하여 태권도호신술 연구진들과 야심 차게 연구에 착수하여 2008년 11월 유품자(1품, 2품, 3품)과정 작업을 완료하였다. 그 후 여러 차례의 현장 강의와 적용을 통해서 태권도 품새 응용 호신술 과정으로 수정하여 한 권의 전문서적이 나오게 되었다.

이 책에서는 다섯 개 영역으로 구분하여 태권도호신술을 단계적으로 배울 수 있도록 제시하였다.

Part 1. 태권도호신술의 이론과 구성원리에서는 태권도호신술의 이론적인 이해를 설명하였으며, Part 2. 태권도 호신술 수련을 위한 준비에서는 태권도 호신술 수련을 위한 사전훈련 과정이며, Part 3. 태권도 품새 응용 호신술에서는 태극1장부터 8장까지, 고려부터 십진까지의 품새 동작을 응용한 호신술을 단계별로 수련하는 과정을 제시하였고, Part 4. 태권도 호신술 실전상황 대처법에서는 다양한 상황을 고려하여 1품(단), 2품(단), 3품(단), 4품(단)자의 수련체계로 구성하여 수련생의 수준에 맞춰 지도하기 편리하게 구성하였다. 마지막으로 Part 5. 타 무술 경험에서는 현재 태권도교육과정에서 잘 다루지 않는 기본적인 낙법과 손목 빼기 방어기술을 넣었다.

'태권도 품새 응용 호신술'의 전체적인 구성 방향은 다양한 위협상황에 대응하는 방법과 약자의 성공적인 방어기술의 방법인 인체급소를 정확히 타격하여 공격을 무력화시키는 전략과 기술에 초점이 맞췄다.

이 책은 지도자들이 현장에서 태권도호신술을 교육하는 과정에서 겪는 어려움을 해결하기 위한 대안을 제공하고 있다. 부디 이 책이 태권도호신술 교육의 지침서가 되어 지도자들이 태권도호신술의 기술을 익히고 응용하여 지도 현장에서 녹여낼 수 있길 바란다.

끝으로 그동안 태권도호신술이 지도자들에게 다가설 수 있도록 교육사업으로 연계시켜 주신 KTA 임원분들과 관계자분들께 감사를 드리며 태권도호신술의 책이 만들어지는 과정에서 세심한 조언을 해주신 이종천 책임연구원님께도 깊은 감사를 드린다. 아울러 이 작업이 원활하게 진행될 수 있도록 도움을 준 이주용 사범에게도 감사의 마음을 전하고, 이 책이 세상에서 빛을 볼 수 있도록 최선의 도움을 주신 문상필 사장과 편집으로 고생하신 그 직원들에게도 감사의 마음을 전한다.

2014. 06

김영수 김충환

서 문

2007년부터 시작된 대한태권도협회 도장지원사업이 하나, 둘 결실을 보아 가는 것 같다.

KTA 인성교육, KTA 실전 손기술에 이어 세 번째 KTA 호신술이 출판되고 조만간 몇 권의 책들이 태동을 준비하고 있다.

이 땅에서 시작된 태권도가 60~70년대 지도자들에 의해 전 세계에 보급되었고 그 태권도가 80년대 한국으로 다시 돌아와 한국 태권도에 큰 영향을 미쳤다. 이제 우리는 새로운 태권도를 가지고 전 세계인들에게 새로운 태권도 선물을 해야 한다.

도장지원사업이 진행된 이래 대한태권도협회는 일관된 정책을 통해 도장활성화를 추진하고 지원해 왔다.

이제 그 새로운 출발을 위해 많은 준비가 필요하다.

"태권도 품새 응용 KTA 호신술"은 태권도가 실전성을 갖춘 무술임을 증명하고 그것을 각 수련단계에서 어떻게 적용하고 수련할 것인가? 라는 근본적 질문에서 시작되었고, 그 질문에 답하는 형식의 지도지침서이고 수련참고서이다.

모쪼록 "태권도 품새 응용 KTA 호신술"이 지도자들에게는 자부심을 수련생들과 일반인들에게는 무술로서 태권도를 새롭게 접하는 계기가 되었으면 한다.

활용편

"태권도 품새 응용 KTA 호신술"은 태권도 품새(태극 1장부터 십진까지)동작 중 호신술 동작을 발취하여 유급자부터 4품, 단의 수련생들을 대상으로 태권도호신술을 지도할 수 있도록 구성하였으며, 다음과 같이 적용하여 활용하시길 바랍니다.

1. KTA 교육과정에 따라 급, 단별에 적용하여 주1회 호신술의 날로 지정하여 지도할 수 있다.
2. 태권도가 호신술적인 측면에서도 뛰어난 무술임을 증명할 수 있다.
3. 호신술에 입문하기 전 기본 원리와 기초수련법을 제공하고 있다.
4. 가상의 상황들을 설정하고 그 상황에 맞는 호신술을 습득할 수 있다.
5. 유단자부터는 타 무술을 경험 습득할 수 있다.
6. 도장 자체 심사 시 과목으로 활용할 수 있다.
7. 품새 습득을 마친 후 다음 품새를 수련하기 전 복습 및 평가 기준으로 활용할 수 있다.
8. 1품, 단 응심 후 6개월 과정의 호신술 과정을 개설하여 장기수련방안으로 활용할 수 있다
9. 청소년들이 자신의 신체를 지키려는 욕구를 충족할 수 있도록 낮은 단계에서 일정 수준에 이르는 기술을 구성하였다.
10. 저학년의 수련자들을 위해 다양한 지도법을 제시하고 있다.

목 차

추천사 : 4
들어가면서 : 6
서문 : 8
활용편 : 9

■ Part 1 태권도 호신술의 이론과 구성 원리

1. 태권도 호신술이란 18
2. 태권도 호신술의 목적 21
3. 태권도 호신술의 효과 22
4. 태권도 호신술의 구성 23
   1) 기본훈련(기본과정) 23
   2) 약속겨루기 23
   3) 태권도 품새 호신술 프로그램 25
      (1) 프로그램 구성 배경　(2) 단계별 구성 배경
      (3) 심사주기 구성 배경　(4) 교육과정의 구성 배경

5. 태권도 호신술의 원리 30
   1) 선수공격 30
   2) 탈출법 30
   3) 역 공격법 30

6. 태권도 호신술의 기본적 4가지 기술 31
   1) 상대방 힘을 순용 하는 것 31
   2) 몸 전체를 이용하는 것 31
   3) 회전의 원리 31
   4) 상대방(공격자)의 틈새를 이용하는 것 32

■ Part 2 태권도 호신술 수련을 위한 준비

■ 태권도 호신술 수련을 위한 사전 익히기(기술)

1. 피하기/ 방향전환 34
  1) 피하기 훈련 34
  　　(1) 2인1조 피하기 훈련-1   (2) 2인1조 피하기 훈련-2
  　　(3) 2인1조 피하기 훈련-3
  2) 몸 피하기 훈련 40
  　　(1) 몸 피하기 훈련-1   (2) 몸 피하기 훈련-2   (3) 몸 피하기 응용훈련
  3) 방향 전환 훈련 44
  　　(1) 전환법   (2) 전방, 후방 전환 훈련
  　　(3) 팔방 전환 훈련

2. 현장 벗어나기 49
  1) 터치훈련 50
  　　(1) 터치훈련 2초~1초   (2) 터치훈련- 즉각 반응
  　　(3) 터치훈련- 장애물 훈련   (4) 넘어진 상태에서 달아나기

목차

■ Part 3 태권도 품새 응용 KTA 호신술

1. 태극 품새 응용 태권도 호신술 56
  1) 기본 동작 익히기 57
  (1) 주먹 한 번 지르기 (2) 주먹 두 번 지르기
  2) 태극1장 ~ 8장 응용 태권도 호신술 58
  (1) 태극1장 - 1차 과정   (2) 태극2장 - 2차 과정
  (3) 태극3장 - 3차 과정   (4) 태극4장 - 4차 과정
  (5) 태극5장 - 5차 과정   (6) 태극6장 - 6차 과정
  (7) 태극7장 - 7차 과정   (8) 태극8장 - 8차 과정

2. 고려~십진 품새 응용 태권도 호신술 78
  1) 기본동작 익히기 78
  (1) 주먹 피하기   (2) 주먹 막기
  2) 고려 품새 응용 태권도 호신술 85
  (1) 고려- 1차 과정   (2) 고려- 2차 과정   (3) 고려- 3차 과정
  3) 금강 품새 응용 태권도 호신술 93
  (1) 금강- 1차 과정   (2) 금강- 2차 과정   (3) 금강- 3차 과정
  (4) 금강- 4차 과정   (5) 금강- 5차 과정   (6) 금강- 6차 과정
  4) 태백 품새 응용 태권도 호신술 107
  (1) 태백- 1차 과정   (2) 태백- 2차 과정   (3) 태백- 3차 과정
  (4) 태백- 4차 과정   (5) 태백- 5차 과정   (6) 태백- 6차 과정
  (7) 태백- 7차 과정   (8) 태백- 8차 과정   (9) 태백- 9차 과정
  5) 평원, 십진 품새 응용 태권도 호신술 127
  (1) 평원, 십진- 1차 과정   (2) 평원, 십진- 2차 과정
  (3) 평원, 십진- 3차 과정   (4) 평원, 십진- 4차 과정
  (5) 평원, 십진- 5차 과정   (6) 평원, 십진- 6차 과정

(7) 평원, 십진- 7차 과정　(8) 평원, 십진- 8차 과정
(9) 평원, 십진- 9차 과정　(10) 평원, 십진- 10차 과정
(11) 평원, 십진- 11차 과정　(12) 평원, 십진- 12차 과정

■ Part 4 태권도 호신술 실전상황 대치법

1. 1품(단) 과정　154
1) 아귀손으로 칼재비 목젖치기 할 때　154　2) 바탕손으로 가슴을 밀 때　156
3) 손목 잡혔을 때-1　158　4) 손목 잡혔을 때-2　160
5) 손목 잡혔을 때-3　161　6) 손목 잡혔을 때-4　162

2. 2품(단) 과정　164
1) 오른주먹 얼굴지르기-1　164　2) 오른주먹 얼굴지르기-2　166
3) 오른주먹 몸통지르기-1　168　4) 오른주먹 몸통지르기-2　170
5) 오른주먹 몸통지르기-3　172　6) 왼주먹 몸통지르기-1　174
7) 왼주먹 몸통지르기-2　176
8) 왼주먹 지르기, 오른주먹 얼굴지르기-1　178
9) 왼주먹 지르기, 오른주먹 얼굴지르기-2　180
10) 양손으로 한 손목 잡혔을 때　182　11) 양 손목 잡혔을 때　184
12) 손목 잡혔을 때　186

3. 3품(단) 과정　189
1) 오른발 돌려차기할 때　189
2) 오른발 앞차기, 오른주먹 지르기 할 때-1　190
3) 오른발 앞차기, 오른주먹 지르기 할 때-2　192
4) 오른발 앞차기, 왼주먹 지르기 할 때-1　194

목차

  5) 오른발 앞차기, 왼주먹 지르기 할 때-2 196
  6) 오른발 앞차기, 오른주먹 몸통, 왼주먹 얼굴지르기 할 때 198
  7) 오른발 앞차기, 오른, 왼주먹 지르기 할 때-1 200
  8) 오른발 앞차기, 오른, 왼주먹 지르기 할 때-2 202
  9) 오른발 돌려차기, 오른손 뺨 때릴 때 204
  10) 빠른발 왼돌려차기, 왼주먹, 오른주먹 지르기 할 때 206
  11) 손목 잡혔을 때- 꺾기-1 208
  12) 안손목 잡혔을 때- 꺾기-2 210
  13) 안손목 잡혔을 때- 꺾기-3 212
  14) 손목 잡혔을 때- 치기 214

4. 4품(단) 과정 218

  1) 뒤에서 등치며 오른주먹으로 얼굴 지를 때 218
  2) 뒤에서 팔 꺾어 올려 입 막고 있을 때 220
  3) 왼손으로 가슴 밀며 오른주먹 지를 때 222
  4) 뒤에서 껴안았을 때- 휴대폰 활용법 224
  5) 어깨동무하며 협박할 때 - 휴대폰 활용법 226
  6) 앞에서 핸드백을 뺏으려 할 때 228
  7) 뒤에서 핸드백을 뺏으려 할 때 229
  8) 오른 어깨 잡고 칼로 복부를 찌를 때 230
  9) 앞에서 단도로 복부를 찌를 때 232
  10) 뒤에서 왼손으로 어깨 잡고 오른손으로 목에 칼을 대고 있을 때 234
  11) 몽둥이로 위에서 내려칠 때 236
  12) 몽둥이로 위에서 사선으로 내려칠 때 238
  13) 몽둥이로 위에서 내려치고 얼굴 돌려칠 때 240
  14) 양손으로 몽둥이를 잡고 사선으로 내려칠 때 242
  15) 앞에서 권총을 가슴을 겨눌 경우 -1 244

16) 앞에서 권총을 가슴을 겨눌 경우 -2　245

　　17) 뒤에서 권총을 머리에 겨눌 경우　246

　　18) 앞에서 왼손으로 멱살 잡고 오른손으로 권총을 머리에 겨눌 경우　247

Part 5 타 무술 경험

〈 타 무술 경험을 위한 기본기술 익히기 〉

1. 손목관절훈련　250

　　1) 혼자서 손목관절훈련　250　　2) 2인 1조 손목관절훈련　252

2. 낙법　255

　　1) 낙법의 이해　255　　2) 낙법의 좋은 점　255　　3) 낙법의 특징　255

　　4) 전방낙법　256　　5) 후방낙법　258　　6) 측방낙법　260

　　7) 구르기 낙법　263　　8) 장애물 낙법　264　　9) 점프고층낙법　265

3. 방어 10동작　266

　　1) 혼자서 하는 훈련　266　　2) 2인 1조 방어훈련　268

4. 손목빼기훈련　270

　　1) 손목빼기-1　272　　2) 손목빼기-2　273　　3) 손목빼기-3　274

　　4) 손목빼기-4　274　　5) 손목빼기-5　275

인용 및 참고문헌 : 276

PART 1

태권도 호신술의 이론과 구성 원리

PART 1 태권도 호신술의 이론과 구성 원리

1. 태권도 호신술이란?

　호신술이란 상대방의 공격을 미리 봉쇄하고 몸의 안전을 도모하기 위한 기술로 피하기, 지르기, 찌르기, 차기, 꺾기, 던지기 등의 기술을 사용하여 일상생활에서 발생하는 습격에 대한 대응수단으로 심각한 상해를 주지 않고도 가볍게 상대방을 격퇴할 수 있는 기법이다.

　호신술은 위기 상황에 대처해서 자신의 몸을 방어하는 기술이다. 신체는 자극에 대해 무의식적으로 반응한다. 생명의 위험을 느끼는 상황에서는 자신의 몸이 방어체계로 긴장하며 대항관계가 형성된다. 상대의 공격에 대한 대항능력은 특정 기술이 몸에 습득되어 있어야 가능하다. 특정 기술이란 평소에 호신술의 기술을 습득하여 그 결과로 자신의 몸을 방어할 수 있는 기술을 말한다. 그 기술은 하루아침에 이루어지는 것이 아니고, 무단한 시간과 노력을 투자해야 얻을 수 있다.

　태권도는 그 기술 자체가 바로 호신 기법이라고 말할 수 있다. 불의에 공격에도 태권도의 기술을 활용하면 최상의 호신술로 사용할 수 있다. 품새 속에 있는 태권도 동작만으로도 호신술로 활용할 수 있다.

　하지만 현재 태권도 지도자들은 호신술 지도를 개인의 타 무술 체험과 직접 개발한 호신술로 수련생들을 지도하고 있다. 많은 지도자가 호신술의 필요성을 느끼면서도 자신 있게 태권도 호신술을 가르칠 수 없는 것도 현실이다. 그나마 타 무술을 경험한 지도자와 호신술에 관심을 가지고 계신 지도자는 호신술 지도에 어려움이 없으나 체계적인 교육 시스템이 너무 부족한 것은 사실이다.

이에 태권도 기술체계를 기본바탕으로 품새 동작과 겨루기 기술동작을 응용하여 실전성에 사용하기 쉽도록 다양한 공격에 대한 방어기술, 반격기술, 선수기술 및 제압기술과 거리를 이용하여(근접거리, 원거리), 태권도 기본동작과 품새, 겨루기를 응용하여 태권도 호신술을 만들었다.

그동안 태권도 호신술 교육을 제대로 못 한 지도자들에게 수련생들의 태권도 호신술 지도에 도움을 드리고자 태권도 품새 동작을 활용하여 실전성에 비중을 두고 품새 동작을 응용하여 신체의 관절과 급소 및 공격방향, 속도, 중심이동 등 타 무술의 장단점을 보완해 태권도의 발차기 기술과 주먹기술을 효과적으로 발휘할 수 있게 구성하여, 태권도 호신술을 수련 수준에 맞춰 단계적이고 체계적인 수련 프로그램을 만들었다.

태권도 호신술은 상대에게 상해를 최소화하기 위한 호신술의 기본범위 내에서 기술의 연속성과 공격을 중단시키는 방어적이면서도 치명적인 제압기술체계이다. 또한, 상대를 무력화시키는 태권도 호신술 기술이 필요에 따라 공격적인 행위가 호신술의 방어적인 반격이 될 수도 있다.

우리는 현재 우리가 원하던 원하지 않든 간에 위기 상황에 직면하는 경우를 맞을 수 있다. 태권도 호신술의 진정한 의미는 위기 상황을 민들지 않게 하는 능력의 배양에 있다고 보며 또한 반복훈련의 과정에서 이루어지는 땀과 노력, 인내, 자기극복, 자기초월 등의 정신 수양이야말로 그 진정한 요체라고 생각한다.

정신수양은 현대인에게 무엇보다도 필요한 요소이고 태권도 호신술이 그것을 제공할 수 있다고 생각한다. 현대인은 급변하는 사회 속에서 그리고 자본주의 사회 속에서 황금만능주의에 빠져 자신의 정체성을 잃을 위험이 많다. 이러한 상황에서 태권도 호신술은 방어체계의 역할뿐만이 아니라, 정신적 사상적 기반의 역할을 함으로써 자신의 정체성을 찾는 길잡이가 될 수도 있다. 그것은 호신술을 익히는 과정이 위에서 언급했다시피, 시간과 노력을 투자해야 하는 땀의 과정이기 때문이다. 사람들은 태권도 호신술을 익히는 과정에서 무엇보다도, 먼저 자신의 호신능력에 대해 이해할 수 있어야 한다.

태권도 호신술에 대해 더 알아보자.

국기원 교본(2006. 2)에 의하면 호신술이라는 용어보다 태권도의 겨루기라는 용어로 사용되어 (한번겨루기, 세번겨루기, 의자겨루기 등) 호신술의 용어를 대신하고 있다.

맞춰 겨루기는 태권도 기술체계 가운데 겨루기의 상위 개념이며 겨루기 성격보다는 호신술 특성이 더 강하다. "태권도 호신술" (2006.8)

황기의 "당수도 교본"(1958)에 따르면 호신술이라는 용어 대신 '보신법(保身法)'이라 일컫고 있다. 황기는 보신법 즉 호신술은 기술체계의 용(用)이지 체(体)가 될 수 없다고 말한다.

"태권도교본"(2006)에 따른 기술체계 분류는 기본동작, 품새, 겨루기, 시범으로 구분하고 있는 듯하다. 격파 및 호신술을 시범에 포함하고 있기 때문이다.

90년대 초반에 태권도 경영의 한 부문으로 자리 잡은 호신술은 '태권도한마당'이 활성화되면서 경영의 한 부문으로 자리를 잡기 시작했다. 국내외 모든 시범단은 관객들의 흥미를 높이기 위해 호신술을 빠뜨리지 않고 시범의 구성 요소로 활용했다. 90년대 말, '태권도한마당'에서 호신술 심사위원으로 활동한 한 교수는 "이것이 태권도 호신술인지, 합기도 호신술인지 구별이 안 된다"며 고개를 흔들었다. 일각에서는 "실제성보다는 웃음을 주려고 코믹 요소가 너무 많다"며 아쉬워했다.

이종관 사범은 "흥미 위주의 시나리오를 만들어 쇼맨십을 보여주려고 한 호신술은 잘못된 것이다. 상대방에게 잡혔을 때, 주먹으로 가격을 당했을 때 등의 실제 상황을 토대로 정확하게 공방을 해서 상대를 제압하는 기술을 보여주는 것이 호신술의 핵심"이라고 강조했다. 국기원은 이러한 실상을 우려해서인지 엔터테인먼트 요소와 쇼맨십을 가미한 호신술 경연을 경계하고 있다. 아울러 "(상대방을) 누르고, 조르고, 꺾고, 차고, 지르고, 때리는 기술은 품새에 있는 동작이다. 이러한 기술을 지도자들이 제대로 활용하지 못하기 때문에 합기도 기술이라는 소리를 듣는 것"이라고 설명했다. 태권도 기술체계로도 얼마든지 호신술을 만들어낼 수 있다고 강조했다. 〈서성원 저. 태권도 현대사와 길동무하다〉

2. 태권도 호신술의 목적

현재의 태권도 수련에서 문제점 중의 하나는 약속대련이나 겨루기의 수련 비중이 지나치게 낮을뿐더러, 발차기나 품새 수련에서도 전체적인 수련 강도가 어린이 수련생 중심으로 대폭 하향 조정되었음을 지적할 수 있다. 이는 당장은 수련생이 쉽게 따라오게 할 수 있을지 모르나, 결국 태권도의 실전성을 부정하고 특히 성인이 되어서도 태권도를 외면하게 만드는 결과를 낳았다.

이에 상대적으로 부족한 태권도 호신술을 보완하고 수련 체계의 균형을 되살리고자 하는 노력이 절실히 필요하다. 태권도가 다른 무술과 구별되는 가장 큰 장점인 다양한 발차기를 활용할 수 있는 호신술 기술이 더 많이 연구되어 수련프로그램으로 개발되어야 한다.

태권도 품새 호신술은 수련생의 수준에 맞춰서 수련할 수 있고 체계적이고 과학적이면서 정신적 신체적으로 강해지는 호신술로써 건강과 행복을 추구하여 국내에 잠재된 태권도 교육시장을 활성화하여 태권도장의 경영모델을 한층 끌어올리기 위함이다. 또한, 태권도 호신술 활성화를 통해 태권도 본질인 무도로서의 회귀와 태권도 철학을 알리고, 태권도 호신술을 배우는 수련생들과 학부모들에게 태권도의 무도로서의 긍정적인 요소를 직접 알림으로써 간접 효과를 기대할 수 있다.

현대 사회의 급격한 주위환경 변화와 스트레스로 인한 정신건강의 피해와 각종 범죄로부터 절대 안전지대가 아닌 우리 사회의 현실에서 개인의 생명을 보호할 수 있도록 태권도 호신술을 습득하여 개인의 건강을 지킴은 물론 자신감이 넘치는 생활 응용 태권도로 거듭나길 바라면서, 아동과 성인에 이르기까지 태권도 품새 호신술 교육프로그램으로 도장의 활성화를 기대해 보고자 한다.

3. 태권도 호신술의 효과

태권도 호신술은 공격보다 수비에 초점이 맞추어져 있기 때문에 어린이와 청소년, 성인층에서 위력을 발휘한다. 여가선용과 체력훈련이 필요할 때 쉽게 익힐 수 있는 태권도 호신술을 통해 개인의 자신감을 키우고, 응집력이 필요할 때도 태권도 호신술 습득은 좋은 아이템이 될 수 있다.

태권도 호신술은 젊음의 유지에 효과적인 수단이다. 태권도 호신술 훈련과정은 뼈마디를 늘리고 급소 부위에 많은 자극을 주는 프로그램으로 구성되어 있어 혈액순환이 활발하게 이루어지게 함으로써 건강한 피부와 활력을 유지하게 된다.

태권도 호신술은 다른 종목의 훈련과는 달리 과격한 운동 요법이 아닌 탓으로 남녀노소 구별 없이 다이어트에도 효과적인 위력을 발휘한다.

대퇴부의 지방제거는 발차기 등 하체운동으로 단시일 안에 제거된 경우가 대부분이다. 허리와 아랫배에 지방이 많은 경우 가슴과 어깨가 약한 것이 보통이다.

이 경우 허리와 어깨에 동시에 자극을 주는 내회전 기술을 집중적으로 연마하면 지방은 제거되고 강한 근육만 남는 효과를 나타낸다. 태권도 호신술 훈련은 기본적으로 관절에 골고루 자극을 주고 신체균형을 바로 잡는 운동이다.

이 같은 운동의 결핍으로 발생하는 지방의 축적은 태권도 호신술 훈련으로 예방할 수 있다. 체계적인 Taekwondo Self Defense 프로그램과 과학적인 훈련프로그램을 통해 상황대처 능력은 물론 고도의 집중력과 창의력을 발휘하는 두뇌훈련, 근력, 지구력, 스

피드, 상황인지력 등 다양한 상황에서 자신을 지킴으로써 강한 자신감과 월등한 감각을 익힐 수 있다.

4. 태권도 호신술 구성

1) 기본훈련 (기본과정)

태권도 호신술을 배우기에 전에 기본적인 동작과 상황에 따른 대처훈련을 익혀 둠으로써 실전에 쉽게 활용함을 목표로 꼭 필요한 기초 훈련이다.

(1) 피하기 훈련을 배운다.
(2) 몸 피하기 훈련법을 배운다.
(3) 방향전환법을 배운다.
(4) 터치(touch) 훈련법을 배운다.

2) 약속겨루기

(1) 주먹 지르기를 배운다.
(2) 공격자의 한 번 공격 주먹 막는 법을 배운다.
(3) 공격자의 두 번 공격 주먹 막는 법을 배운다.
(4) 공격자의 공격과 동시에 반격을 연습한다.
(5) 겨루기의 완성도를 높인다.

〈태권도 호신술 프로그램 구성표〉

품새별	차수별	소주제 및 소제목
기본이해/과정별		태권도 호신술의 이론, 태권도 호신술의 목적, 태권도 호신술의 필요성, 태권도 호신술의 특징, 태권도 호신술의 효과, 태권도 호신술의 구성, 방향전환, 피하기, 몸 피하기, 달아나기, 막기
태극1장~ 태극8장 보급과정	9차과정	태극1장 ~8장 품새동작을 접목한 태권도 호신술 기술로 구성 심사에 대비한 전체과정을 복습
고려호신술	3차과정	고려품새동작을 접목한 태권도 호신술 기술로 구성
금강호신술	6차과정	금강품새동작을 접목한 태권도 호신술 기술로 구성
태백호신술	9차과정	태백품새동작을 접목한 태권도 호신술 기술로 구성
평원, 십진 호신술	12차과정	평원,십진품새동작을 접목한 태권도 호신술 기술로 구성
타무술 경험		태권도 호신술을 익힘에 있어 타 무술의 기본적인 기술을 이해하고 기초적인 기술을 익혀 부상예방 및 관절을 이용한 공격과 방어의 기술을 이해하는 데 도움을 주고자 손목 관절 훈련, 낙법, 손목 빼기 등으로 구성

3) 태권도 품새 호신술 프로그램

(1) 프로그램 구성 배경

■ 기술의 체계는 모든 교육과정의 기본이 태권도 품새 동작과 겨루기 동작을 근본으로 구성되었으며 새로운 호신술에 접목한 것은 기술의 연속성과 공격을 중단시키는 방어적이며 치명적인 제압기술체계를 추가하였다. 태극1장 ~8장 과정 호신술 나눔의 기준은 각 품새 별로 2개월(8주) 과정으로 구분된다.

■ 태극1장~8장

태극1장 ~8장 동작을 알게 하고 호신술을 통해 동작의 쓰임을 익힘으로써 호신술의 장단점을 알게 하여 호신술의 특성을 살펴보고 혼자서 하는 과정과 2인 1조로 하여 연습하는 '한번겨루기'로 진행한다.

■ 고려

고려품새의 동작을 접목한 태권도 호신술 기술로 구성되어 있으며 태극품새 호신술과는 달리 유단자 품새 동작다운 기술적인 호신술을 익히게 구성되었다. 혼자서 하는 과정과 2인 1조로 하여 연습하는 '한번겨루기'로 진행한다.

■ 금강

금강품새의 동작을 접목한 태권도 호신술 기술로 구성되어 있으며 강함과 무거움을 나타내는 금강품새 속에 힘 있고 위용을 나타내는 유난사 품새 동작다운 기술적인 호신술을 익히게 구성되었다. 혼자서 하는 과정과 2인 1조로 하여 연습하는 '한번겨루기'로 진행한다.

■ **태백**

　태백품새의 동작을 접목한 태권도 호신술 기술로 구성되어 있으며 홍익인간의 사상을 나타내는 태백품새 속에 높은 이상과 이어짐을 나타내는 유단자 품새 동작다운 기술적인 호신술을 익히게 구성되었다. 혼자서 하는 과정과 2인 1조로 하여 연습하는 '한번겨루기'로 진행한다.

■ **평원, 십진**

　평원, 십진 품새의 동작을 접목한 태권도 호신술 기술로 구성되어 있으며 유단자 품새의 동작다운 기술적인 호신술을 익히게 구성되었다.
혼자서 하는 과정과 2인 1조로 하여 연습하는 '한번겨루기'로 진행한다.

(2) 단계별 구성 배경

- 유급자의 9급은 동양의 전통적 완전한 수 9를 의미한다.
- 각 급은 2개월(8주의 심사주기)을 기준으로 한다.
- 18개월이 아닌 16개월(단계별 1개월, 2개월, 3개월 평가)로 진행되면 심사주기 선정의 어려움이 있다. (주별 측정 항목의 선정불가)
- 일정한 심사주기는 초기 수련생(유급자)들이 평가주기(심사)에 대한 혼란을 막을 수 있다.
- 유급자에서 충분한 수련과정은 기술의 질을 높이고 호신술 수련 기간을 늘린다.

(3) 심사주기 구성 배경

- 유단(품)자와 유급자의 차별화
- 충분한 수련 기간을 부여함으로써 유단자 기술 난이도 차별화
- 유단(품)자의 경우 잦은 심사로 인한 권태가 발생할 수 있다.
- 수련비 형태의 다양성

유급자											비고 (note)
1차 심사	2차 심사	3차 심사	4차 심사	5차 심사	6차 심사	7차 심사	8차 심사	9차 심사	승단 심사	(9번) 심사 (1번) 승단 심사
8주 (week)	8주 (week)	8주 (week)	8주 (week)	8주 (week)	8주 (week)	8주 (week)	8주 (week)	8주 (week)	18 개월 month	

1단(품)				비고 (note)
1차 심사	2차 심사	3차 심사	승단 심사	(3번) 심사 (1번) 승단 심사
4개월(month)	4개월(month)	4개월(month)	12 개월 (month)	

2단(품)							비고 (note)
1차 심사	2차 심사	3차 심사	4차 심사	5차 심사	6차 심사	승단 심사	(6번) 심사 (1번) 승단 심사
4개월 (month)	4개월 (month)	4개월 (month)	4개월 (month)	4개월 (month)	4개월 (month)	24 개월 (month)	

3단(품)										비고 (note)
1차 심사	2차 심사	3차 심사	4차 심사	5차 심사	6차 심사	7차 심사	8차 심사	9차 심사	승단 심사	(9번) 심사 (1번) 승단 심사
4개월 (month)	4개월 (month)	4개월 (month)	4개월 (month)	4개월 (month)	4개월 (month)	4개월 (month)	4개월 (month)	4개월 (month)	36개월 (month)	

4단(품)										비고 note
1차 심사	2차 심사	3차 심사	4차 심사	5차 심사	6차 심사	7차 심사	8차 심사	9차 심사	10차 심사	
4개월 (month)	4개월 (month)	4개월 (month)	4개월 (month)	4개월 (month)	4개월 (month)	4개월 (month)	4개월 (month)	4개월 (month)	4개월 (month)	

4단(품)			비고 note
11차 심사	12차 심사	승단심사	12번 (심사) (1번) 승단 심사
4개월 (month)	4개월 (month)	48개월 (month)	

(4) 교육과정의 구성배경

- 태권도 호신술을 회차별 과정으로 나누어 분류하였다.
- 각 회차별 과정은 품새의 단계별 주요기술인 동작을 기준으로 수련내용과 그에 대한 지도주안점, 평가 등으로 구성되어 있다.
- 태권도 호신술에 대한 내용은 방어적인 기술이 기본이 된다. 따라서 공격과 방어적인 기술을 습득하여 자기방어적인 기술에만 적용되어야 한다.
- 호신술의 기술구성은 1단계~6단계 동작을 기준으로 구성되었으며 상황에 따라 변할 수 있다.
  * 2단계~3단계 정도에서 호신술의 완성도를 높인다.

◎ 태권도 호신술 심사 회차별 교육과정표

회차 과정	1차	2차	3차	4차	5차	6차	7차	8차	9차	10차	11차	12차	승단 심사
태극 1장- 8장	태극 1장	태극 2장	태극 3장	태극 4장	태극 5장	태극 6장	태극 7장	태극 8장	보급	×	×	×	
고려	고려-1	고려-2	고려-3	×	×	×	×	×	×	×	×	×	
금강	금강-1	금강 2	금강-3	금강-4	금강5	금강-6	×	×	×	×	×	×	
태백	태백-1	태백-2	태백-3	태백-4	태백-5	태백-6	태백-7	태백-8	태백-9	×	×	×	
평원 십진	평원-1	평원-2	평원-3	평원-4	평원-5	평원-6	십진-1	십진-2	십진-3	십진-4	십진-5	십진-6	

5. 태권도 호신술의 원리

태권도 호신술의 원리는 크게 3가지로 나눌 수 있다.

1) 선수공격

공격자의 공격행위에 대한 사전판단에 따른 선수(공격)가 최선에 방어법이라고 할 수 있다.

선수(공격)는 상황을 대비하는 데서 이루어진다. 즉 집중력과 온 힘을 다하려는 정신자세를 갖추는 것이다. 이러한 준비가 갖추어지면 상대방의 심리상태와 행동의 기미를 미리 알아차려 상대방이 공격을 해오기 전에 행동을 사전에 막아낼 수가 있을 것이다.

그러나 실제 상황에서는 이론적으로 설명하기 어려운 상황이 일어나므로 몸에 숙달되지 않고서는 선수(공격)의 기술을 발휘하기란 그리 쉬운 일은 아니다. 그러므로 평소 태권도 호신술 수련을 통하여 숙지해 놓는 것이 중요하다.

2) 탈출법

치한이나 범죄자는 신체에 해를 입히는 것이 목적이 아니므로 자세에 많은 허점을 노출한다. 잡힌 몸을 (공격으로부터) 이탈시킨 후(이때) 긴장하지 말고 차분하게 주위를 살핀 후 안전한 곳으로 몸을 피해야 한다.

3) 역 공격법

역공격법은 다음과 같은 기술이 있다.

급소타격법, 관절제압법, 넘어뜨리기 등 상대의 목, 눈, 귀, 명치, 낭심 등… 신체의 급소 부분을 가격해서 상대방의 공격 의지를 꺾고 제압하는 것이다.

주먹 단련을 하지 않은 여성의 경우는 주먹보다는 손바닥이나 팔굽 등으로 가격하는 것이 효과적일 것이다. 또한, 비교적 방어에 약한 신체 아랫부분(무릎, 오금, 낭심) 등을 공격하는 것도 역공격에 포함된다. 이들 부위는 순간적으로 상대방 신체의 중심을 무너트리는 효과가 있다.

관절 제압 방법은 꺾기나 비틀어서 상대방을 제압하는 기술로 호신술에서 가장 많이 사용되는 기술이다. 관절꺾기는 손목 꺾기와 팔꿈치 비틀기로 구분된다.

넘어트리기는 가해자인 상대방을 넘어트려 제압함으로써 도망갈 기회를 제공할 수 있고 제2차(완전제압)로 공격을 가할 수 있는 시간을 확보하는 방법이다.

6. 호신술의 기본적 4가지 기술

1) 상대방의 힘에 순응 하는 것

공격자의 심리상태는 일반적으로 고도로 흥분된 상태이므로 완력은 그만큼 클 수밖에 없다는 사실이다. 상대방 힘을 이용하되 무리하게 상대방의 공격에 대응하려면 탈출 목적을 이루기가 어려울 것이다.

2) 몸 전체를 이용하는 것

힘은 무게와 속도이므로 (스피드=파워) 체중을 최대한 이용한다.

순간적으로 힘이 집중될 수 있도록 해야 한다. 여성의 경우 가해자가 대부분 남성이므로 몸 전체의 무게와 힘을 이용하는 것이 꼭 필요하다.

3) 회전의 원리

회전의 원리에서 이루어지는 원의 원리인 것이다. (작은 원, 큰 원)

신체운동은 같은 방향으로 이동하는 병진운동과 같은 점을 중심으로 회전하는 회전운동을 특징으로 한다. 상대의 힘에 순응해서 힘의 흐름을 역이용하는 1번의 원리가 좋은 예일 것이다.

4) 상대방(공격자)의 틈새를 이용하는 것

　　상대방에게 손목이 잡혔다고 가정했을 때 손목의 틈을 이용해서 상대편 쪽으로 빠르게 밀어 위기에서 벗어나는 원리이다. 이때 잡힌 손과 팔을 상대방을 향해서 길게 펴야 하는데 그러면 상대방(공격자)의 팔은 굽어지게 된다. 구부린 팔은 펴진 팔의 힘에 반해 불과하게 되므로 위기 탈출이 효과적으로 발생하게 된다.

PART 2

태권도 호신술 수련을 위한 준비

PART 2 태권도 호신술 수련을 위한 준비

■ 태권도 호신술 수련을 위한 사전 익히기(기술)

1. 피하기

어떤 상황에서 공격자가 신체적인 공격을 시작할 때 즉시 방어적인 자세를 취하게 된다. 방어자세는 취약한 부분을 보다 완전하게 보호하기 위해 공격자의 공격 시점을 기준으로 움직임을 직감으로 느껴 신체반응은 방어체계에서 긴장하게 된다. 따라서 공격자의 공격목표지점, 각도, 속도, 신체사용부위 등 동작을 통해 피하거나 빠르게 방어와 공격자세로 전환할 수 있다.

1) 피하기 훈련

(1) 2인1조 피하기 훈련-1

상대가 공격하려 할 때

공격자: 오른발을 앞으로 옮겨 오른앞서기 자세에서 오른주먹 지르기를 한다.
방어자: 왼발을 약간 옆으로 옮겨 왼바탕손으로 공격자의 오른손목을 쳐낸다.

공격자: 왼발을 당겨 붙여 모아서기를 한다.	방어자: 왼발을 당겨 붙여 모아서기를 한다.
방어자: 오른발을 1보 앞으로 옮긴다.	

공격자: 오른발을 뒤로 옮겨 왼앞서기 자세를 한다.
방어자: 오른발을 뒤로 옮겨 왼앞서기 자세를 한다.

◆ 상대를 (공격자, 방어자 역할) 바꿔 연습한다. ◆

(2) 2인1조 피하기 훈련-2

| 상대가 공격하려 할 때 | **공격자:** 오른발을 앞으로 옮겨 오른앞서기 자세에서 오른 주먹지르기를 한다.
방어자: 몸을 약간 뒤로 물러 오른손날로 공격자의 오른손목을 막는다. |

| **방어자:** 오른손날로 공격자의 오른 손목을 안에서 시계 반대 방향으로 돌려 헤쳐낸다. | 연결동작 |

공격자: 당겨붙여 모아서기를 한다.	**방어자:** 왼발을 당겨 붙여 모아서기를 한다.
방어자: 오른발을 1보 앞으로 옮긴다.	

공격자: 오른발을 뒤로 옮겨 왼앞서기 자세를 한다.
방어자: 오른발을 뒤로 옮겨 왼앞서기 자세를 한다.

◆ 상대를 (공격자, 방어자 역할) 바꿔 연습한다. ◆

Check Point
- 순발력과 민첩성이 동시에 이루어지도록 연습.
- 공격자의 공격속도와 방어타이밍 익히기
- 공격자의 공격 시 시작점과 목표지점 감각 익히기.

지도 주안점
1. 공격자의 손목을 정확히 방어해야 한다. 타이밍과 정확성이 필요하다.
2. 상대방 공격의 속도와 방향 그리고 출발점 목표지점은 어디쯤일까 예상하며 대응한다.

(3) 2인 1조 피하기 훈련-3

| 상대가 공격하려 할 때 | **공격자**: 양손으로 방어자의 어깨를 잡으려 한다.
방어자: 몸을 약간 뒤로 물러 오른손날로 공격자의 오른손목을 막는다. |

| **방어자**: 오른손날로 공격자의 오른 손목을 시계반대 방향으로 돌려 헤쳐낸다. | **방어자**: 오른발을 1보 앞으로 옮긴다. |

공격자: 오른발을 당겨 붙여 모아서기를 한다.
방어자: 왼발을 당겨 붙여 모아서기를 한다.

공격자: 오른발을 뒤로 물러 왼앞서기 자세를 한다.

◆ 상대를 (공격자, 방어자 역할) 바꿔 연습한다.◆

2) 몸피하기 훈련

(1) 몸피하기 훈련-1

주춤서기를 한다.

왼쪽 어깨를 뒤로 피한다.

오른쪽 어깨를 뒤로 피한다.

얼굴을 뒤로 피한다.

| 복부를 뒤로 피한다. | 자세를 낮추어 피한다. |

| 점프를 한다. | 주춤서기를 한다. |

Part2 태권도 호신술 수련을 위한 준비

(2) 몸피하기 훈련-2

서로 마주 보고 팔길이만큼 간격을 두고 주춤서기를 하고 양 주먹을 허리선에 둔다.

공격자:오른 주먹으로 방어자의 왼어깨를 지른다.
방어자: 왼어깨를 뒤로 물러 피한다.

공격자: 왼주먹으로 방어자의 오른어깨를 지른다.
방어자: 오른어깨를 뒤로 물러 피한다.

공격자: 오른 주먹으로 방어자의 얼굴을 지른다.
방어자: 얼굴을 뒤로 물러 피한다.

공격자: 왼주먹으로 방어자의 복부를 지른다.
방어자: 복부를 뒤로 물러 피한다.

공격자: 오른 주먹으로 얼굴돌려지르기를 한다.
방어자: 자세를 낮추어 피한다.

공격자: 오른발로 방어자의 하단을 돌려찬다.
방어자: 점프를 하면서 피한다.

서로 마주 보고 팔길이만큼 간격을 두고 주춤서기를 하고 양 주먹을 허리선에 둔다.

Part2 태권도 호신술 수련을 위한 준비

(3) 몸 피하기 훈련-3 (응용)

- 지도자의 공격 행동에 반응하여 피한다.
- 몸 피하기 순서에 맞추어 우선 시행해 본다.
- 몸 피하기 2가지를 가지고 순서를 바꾸면서 해본다.
- 몸 피하기 3가지를 가지고 순서를 바꾸면서 해본다.
- 몸 피하기 6가지를 가지고 순서를 바꾸면서 해본다.
- 2인 1조로 구성하여 움직이면서 연습해본다.

◎ 몸 피하기 훈련 응용과정은 단체훈련에 적용하여 연습한다.

3) 방향 전환 훈련

(1) 전환법

◎ **전환**

몸의 회전운동으로 가속을 통해 구심력과 원심력을 생산 발휘할 수 있는 능력을 배가시킬 수 있는 원리를 말하며 신체적 행동과 정신적 요소를 순간 또는 찰나에 일치시켜 최적의 공격과 방어자세를 가질 수 있는 것이 전환법이다.

◎ **역류**

전환법과는 달리 힘을 생산하는 것이 아니라 외적 운동을 자신의 운동에 역으로 흐르게 하여 힘을 얻는 원리를 말한다.

◎ **심화**

신체적 행동과 정신적 요소를 순간 또는 찰나에 일치시켜 최적의 합의 상태를 만드는 원리를 말한다.

(2) 전,후 방향전환 훈련

전방전환	후방전환

왼앞서기를 한다.

오른발앞서기를 한다.

공격자: 오른발을 앞으로 옮겨 오른앞서기를 한다.

공격자: 왼발을 앞으로 옮겨 왼앞서기를 한다.

왼발을 시계 반대방향으로 옮겨 오른앞서기를 한다.

오른발을 시계 방향으로 옮겨 오른앞서기를 한다.

(3) 팔방전환법

(1-1) 오른 앞서기를 한다.

(1-2) 왼발을 앞으로 옮긴다.

(1-3) 시계방향으로 뒤로 돌아 왼앞서기를 한다.

(2-1) 오른발을 당겨 발을 붙인다.

(2-2) 왼발을 뒤로 옮겨 오른앞서기를 한다.

(3-1) 왼발을 당겨 발을 붙인다.

| (3-2) 오른발을 뒤로 옮겨 왼앞서기를 한다. | (4-1) 오른발을 당겨 발을 붙인다. | (4-2) 왼발을 뒤로 옮겨 오른앞서기를 한다. |

| (5-1) 왼발을 당겨 발을 붙인다. | (5-2) 오른발을 시계방향으로 뒤로 옮겨 왼앞서기를 한다. | (6-1) 오른발을 당겨 발을 붙인다. |

| (6-2) 왼발을 뒤로 옮겨 오른앞서기를 한다. | (7-1) 왼발을 당겨 발을 붙인다. | (7-2) 시계방향으로 오른발을 뒤로 옮겨 왼앞서기를 한다. |

Part2 태권도 호신술 수련을 위한 준비

(8-1) 오른발을 당겨 발을 붙인다. | (8-2) 시계반대방향으로 왼발을 뒤로 옮겨 오른앞서기를 한다.

팔방전환법 이동방향

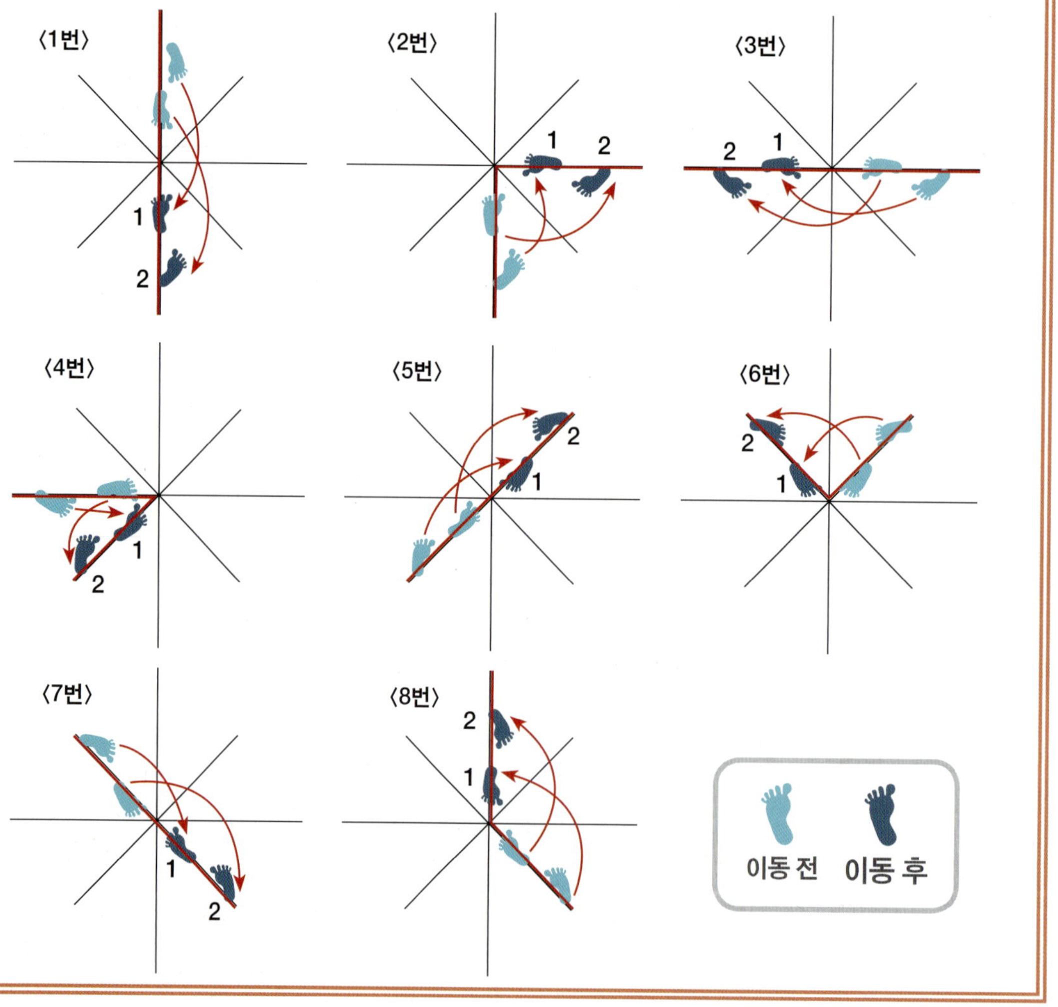

⟨1번⟩ ⟨2번⟩ ⟨3번⟩

⟨4번⟩ ⟨5번⟩ ⟨6번⟩

⟨7번⟩ ⟨8번⟩

이동전 이동후

48 태권도 품새 응용 KTA 호신술

2. 현장 벗어나기

상대방의 부정적인 감정을 무력화하는 방법에 대해 사전적 의미는 '끄집어내 드러나게 하는 행위를 사라지게 한다' 이다. 동시에 부정적인 감정을 설득하여 감정을 함께 노력해 없애보자는 합의를 이끌어내는 것이 좋다.

상대의 부정적 감정을 무력화시키는 것과 관계가 있는 것은 우선 자신의 감정을 통제하는 기술도 중요하지만, 상대방의 감정을 조율하고 파악하는 것도 중요하다. 협상 탈출 실패 시 자신의 위치를 정확히 파악하고 안전한 탈출로를 결정하여 현시점을 벗어나는 행동을 취해야 한다. 이것이 상대방의 행위를 사전에 무력화시키는 기술이다.

"36계 도망치는 것이 상책이다."라는 말을 인용해 본다. 주위상(走爲上) 전술에서 세가 불리해지면 도망치는 것이 제일이라고 하여 이를 주위상(走爲上)이라 한다.

잠재적인 폭력상황에 대한 대응으로서 달아나기란 부상과 피해를 피해가는데 가장 효과적이다. 대부분 사람은 어떤 상황에서도 이 방법을 선택할 것이다. 달아나기란 자신이 안전하다고 감지한 방향으로 최대한 빨리 뛰는 형태일 수 있다. 위험한 상황에 놓이기 전에 미리 그 상황을 피해 빨리 안전한 곳으로 장소를 옮기는 방법이다.

■ 현장 벗어나기 훈련

1) 터치훈련

(1) 터치훈련 - 2초, 1초

| 상대방 등 뒤에 나란히서기 자세를 한다. | 상대방 등 뒤에 양손으로 터치한다. | 뒤로 돌아 달아난다. |

방어자: 달아난다.
공격자: 2초, 1초 후에 잡으러 달려간다.

2초, 1초 간격으로 연습한다.

(2) 터치훈련 - 즉각 반응

상대방 등 뒤에 나란히서기 자세를 한다.

상대방 등 뒤에 양손으로 터치한다.

터치와 동시에 즉각 반응한다.

상대방 등 뒤에 양손으로 터치 후 뒤로 달아난다.
방어자: 달아난다.
공격자: 터치와 동시에 잡으러 달려간다.

(3) 터치훈련 - 장애물 훈련

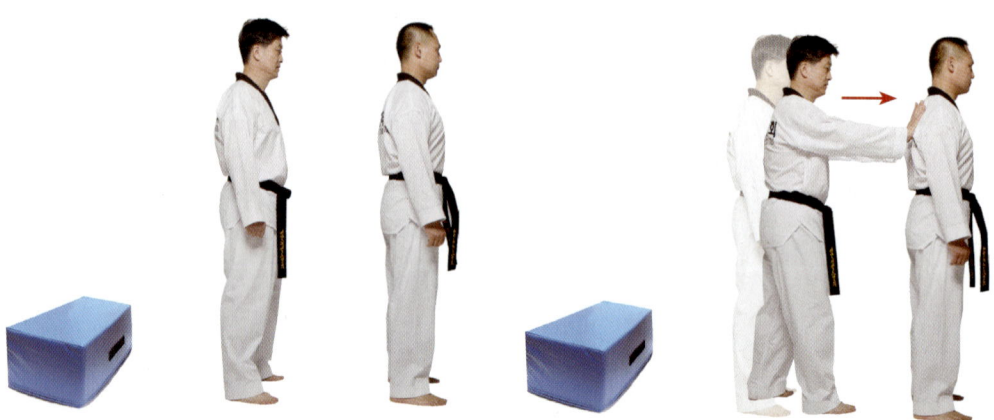

| 상대방 등 뒤에 나란히서기 자세를 한다. | 상대방 등 뒤에 양손으로 터치한다. |

| 양손으로 터치 후 뒤로 달아난다. | **방어자:** 장애물을 넘어 달아난다.
* 바닥에 사각매트 장애물 설치 |

(4) 터치훈련 - 넘어진 상태에서 달아나기

| 오른손과 왼발을 축으로 지탱한다. | 오른발 앞으로 달리기 자세를 한다. |

| 연결동작 | **방어자:** 달아난다.
공격자: 동시에 잡으러 달려간다. |

PART 3

태권도 품새 응용 KTA 호신술

PART 3 태권도 품새 응용 KTA 호신술

1. 태극 품새 응용 태권도 호신술

기본 동작이란?

기본동작은 상대방의 공격과 다양한 방어기술에 따라 응용하여 사용할 수 있다. 다양한 형태의 공방 상황을 대처하기 위해서는 공격과 방어의 중요한 동작이 기본적으로 갖추어져야 한다. 중요한 동작의 숙련도에 따라 호신능력 또한 향상될 것이므로 기본기에 충실해야 한다.

손기술 동작의 변화에 따라 손동작의 다양한 기술이 발생하나 이 장(章)에서는 태권도 호신술의 손동작 중 지르기 기본동작을 설명한다.

1) 기본 동작 익히기

(1) 주먹 한 번 지르기

| 겨루기 자세를 한다. | 왼 주먹 지르기를 한다. | 겨루기 자세를 한다. |

(2) 주먹 두 번 지르기

| 겨루기 자세를 한다. | 왼앞서기 자세에서 왼주먹 지르기를 한다. | 왼앞굽이 자세에서 오른발 뒷발 틀어 오른주먹지르기를 한다. | 겨루기 자세를 한다. |

2) 태극1장 ~ 8장 응용 태권도 호신술

(1) 태극1장 - 1차 과정 (오른주먹 몸통 반대지르기 할 때)

상대가 공격하려 할 때

공격자: 오른발 앞차기를 한다.
방어자: 왼 팔목 아래막기를 한다.

공격자: 오른앞굽이 자세에서 오른주먹 몸통 반대지르기를 한다.
방어자: 왼발을 뒤로 물러 왼뒷굽이 자세에서 오른안팔목 몸통안막기를 한다.

2) 태극1장 ~ 8장 응용 태권도 호신술

| 방어자: 오른앞굽이 자세에서 오른손날 목치기로 공격자의 부돌혈(급소)를 친다. -응용동작- (주의) | 방어자: 왼주먹으로 공격자의 명치(급소)를 지른다. |

| 방어자: 왼발 앞차기로 공격자의 얼굴을 찬다. | 방어자세를 취한 후 다음 상황에 대비한다. |

급/소/설/명

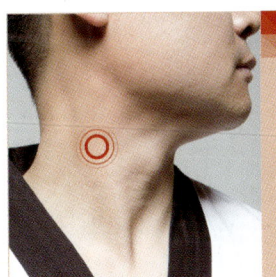

부돌혈 (급소)은?
대장경의 요혈로서 볼록히 나온 목뼈좌우 5-6cm 되는 흉쇄돌근이라는 근육위에 있습니다. 동맥이 지나가며 경신경총의 가지가 지나는 곳입니다.

Part3 태권도 품새 응용 호신술 **59**

(2) 태극2장 - 2차과정 (오른주먹 얼굴 반대지르기 할 때)

상대가 공격하려 할 때

중간동작

공격자: 오른앞굽이 자세에서 오른주먹 얼굴지르기를 한다.
방어자: 자세를 낮추어 위로 올리면서 왼앞굽이자세에서 왼팔 얼굴막기 한다.

2) 태극1장 ~ 8장 응용 태권도 호신술

공격자: 왼주먹 몸통바로지르기를 한다.
방어자: 왼바탕손으로 시계방향으로 돌려막기를 한다.

방어자: 오른주먹으로 공격자의 늑골을 지른다.

방어자: 오른앞차기로 공격자의 얼굴을 찬다.

방어자세를 취한 후 다음 상황에 대비한다.

Part3 태권도 품새 응용 호신술

(3) 태극3장 - 3차 과정 (오른발 앞차기, 오른, 왼주먹 두번 지를 때)

| 상대가 공격하려 할 때 | 공격자: 오른앞차기로 방어자의 복부를 찬다.
방어자: 왼앞서기 자세에서 왼아래막기를 한다. |

공격자: 오른주먹 지르기로 공격자의 몸통을 지른다.
방어자: 오른 어깨를 뒤로 물러 왼바탕손으로 방어자의 오른손목을 눌러 막는다.

공격자: 왼주먹 지르기로 공격자의 몸통을 지른다.
방어자: 왼 어깨를 뒤로 물러 오른바탕손으로 공격자의 왼손목을 눌러 막는다.

2) 태극1장 ~ 8장 응용 태권도 호신술

방어자: 오른발을 앞으로 옮겨 왼손날등 눌러막기로 공격자의 왼팔을 약간 밀어 막는다.

방어자: 오른주먹 지르기로 공격자의 늑골을 지른다. | **방어자:** 왼주먹으로 공격자의 얼굴을 돌려 지른다.

방어자: 오른발 돌려차기로 공격자의 얼굴을 찬다. | 방어자세를 취한 후 다음 상황에 대비한다.

(4) 태극4장 - 4차 과정 (오른주먹 몸통 반대지르기 할 때)

상대가 공격하려 할 때

공격자: 오른앞굽이 자세에서 오른주먹얼굴지르기를 한다.
방어자: 몸을 약간 뒤로 물러 오른뒷굽이 손날몸통막기를 한다.

중간동작   중간동작

방어자: 왼손날을 시계 반대방향으로 돌려 세워주먹지르기 (손끝지르기)를 한다.

2) 태극1장 ~ 8장 응용 태권도 호신술

공격자: 오른등주먹치기로 방어자의 얼굴을 친다.
방어자: 얼굴바깥막기로 공격자의 오른팔을 막는다.

방어자: 왼바탕손으로 공격자의 팔을 눌러막기를 한다.

방어자: 왼앞굽이 자세에서 오른주먹으로 공격자의 얼굴을 지른다.

방어자: 오른발 옆차기로 공격자의 오금(위중혈)을 찬다.

방어자세를 취한 후 다음 상황에 대비한다.

Part3 태권도 품새 응용 호신술 **65**

(5) 태극5장 - 5차 과정 (오른발 옆차기, 왼팔굽 얼굴치기 할 때)

상대가 공격하려 할 때

공격자: 오른발 옆차기를 한다.
방어자: 왼범서기 자세로 양손날 눌러막기로 공격자의 발목을 막는다.

방어자: 팔굽막기 준비동작을 한다.

공격자: 왼팔굽치기로 방어자의 얼굴을 가격한다.
방어자: 양손날막기로 공격자의 팔굽을 막는다.

2) 태극1장 ~ 8장 응용 태권도 호신술

  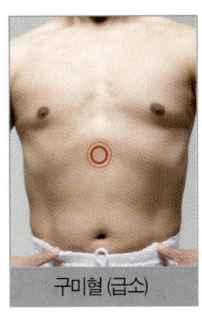

구미혈 (급소)

방어자: 왼등주먹으로 공격자의 얼굴을 친다.

방어자: 오른주먹지르기로 공격자의 (구미혈) 급소를 지른다. **주의요망**

방어자: 오른 앞차기로 공격자의 턱을 찬다.

방어자세를 취한 후 다음 상황에 대비한다.

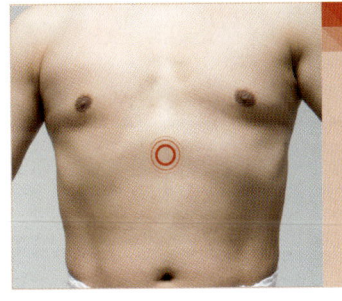

급/소/설/명

구미혈 (급소)은?
임맥의 위의 요혈로서 가슴뼈 맨 아래. 즉 우리가 잘아는 명치에서 3cm 정도 아래에 위치한 혈입니다. 태양신경총에 타격을 주는 급소입니다.

Part3 태권도 품새 응용 호신술 **67**

(6) 태극6장 - 6차 과정 (왼발 얼굴돌려차기, 오른주먹 얼굴 지를 때)

상대가 공격하려 할 때

공격자: 왼발 돌려차기로 방어자의 얼굴을 찬다.
방어자: 양손날 막기로 공격자의 왼발을 막는다.

방어자: 얼굴바깥막기 준비동작을 한다.

공격자: 오른주먹 얼굴지르기를 한다.
방어자: 얼굴바깥막기로 공격자의 오른주먹을 막는다.

2) 태극1장 ~ 8장 응용 태권도 호신술

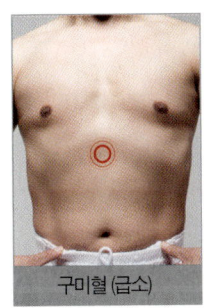

구미혈 (급소)

방어자: 오른 주먹으로 공격자의 (구미혈) 급소 지르기를 한다. **주의요망**

방어자: 오른 앞차기로 공격자의 낭심을 찬다. | 방어자세를 취한 후 다음 상황에 대비한다.

(7) 태극7장 - 7차 과장 (오른발 앞차기, 왼무릎치기 할 때)

상대가 공격하려 할 때

공격자: 오른발 앞차기로 방어자의 복부를 찬다.
방어자: 왼아래막기로 공격자의 오른발을 막는다.

공격자: 양손으로 방어자의 머리를 잡는다.

공격자: 방어자의 머리를 잡아 왼무릎치기를 한다.
방어자: 오른 팔목으로 공격자의 무릎을 눌러 막는다.

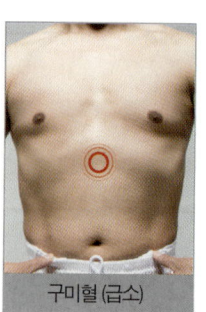

구미혈 (급소)

방어자: 허리를 틀어 돌려 왼주먹 옆지르기로 공격자의 (구미혈)급소를 지른다. **주의요망**

2) 태극1장 ~ 8장 응용 태권도 호신술

방어자: 오른발 표적차기로 공격자의 얼굴을 찬다.

방어자: 돌려차기 준비동작을 한다. | **방어자:** 왼발 돌려차기로 공격자의 얼굴을 찬다.

방어자세를 취한 후 다음 상황에 대비한다.

(8) 태극8장 - 8차 과정 (왼발 두발당성앞차기, 왼주먹 돌려지를 때)

상대가 공격하려 할 때

공격자: 왼발 두발당성앞차기로 공격자의 얼굴을 찬다.
방어자: 오른발을 90° 시계 방향으로 옮긴다.

방어자: 바깥막기 준비동작을 한다.

공격자: 왼주먹으로 얼굴돌려 지르기로 방어자의 얼굴을 지른다.
방어자: 왼앞굽이 자세에서 오른팔목 바깥막기로 공격자의 왼팔목을 막는다.

> 2) 태극1장 ~ 8장 응용 태권도 호신술

방어자: 왼팔굽치기로 공격자의 얼굴을 친다. | **방어자:** 왼등주먹으로 공격자의 얼굴을 내려친다.

 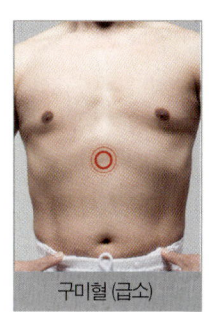

구미혈 (급소)

방어자: 오른주먹지르기로 공격자의 (구미혈)급소를 지른다. **주의요망**

방어자: 왼발 두발당성앞차기로 공격자의 얼굴을 찬다. | 방어자세를 취한 후 다음 상황에 대비한다.

Part3 태권도 품새 응용 호신술 **73**

태권도 호신술 지도법

지도법에는 4가지 원칙을 정한다.

1. 기본자세 익히기
2. 기본동작 익히기
3. 1보 겨루기
4. 약속겨루기 (액션 연기 포함)

참고. 태권도장에서는 실전 호신술 겨루기는 사고의 위험성을 감안해 지도자의 판단에 따라 지도하길 바란다.

태극1장 태권도 호신술 - 예시

1. 기본자세 익히기 (개인, 그룹, 단체)

1단계 - 지도자의 구령에 맞춰 실시하되 횟수는 지도자의 재량에 따라 정한다. 단, 반복 수련을 목적으로한다.

아래막기의 동작을 시작으로 차례대로 반복수련 하며 정확히 익힌다.

(단련과정 및 자세익히기)

* 주춤서기 자세를 한다.
* 왼아래막기를 실시한다. 〈반복수련〉
* 오른아래막기를 실시한다. 〈반복수련〉
* 왼몸통 안막기를 실시한다. 〈반복수련〉
* 오른몸통 안막기를 실시한다. 〈반복수련〉
* 왼바깥손날 목치기를 한다. 〈반복수련〉
* 오른바깥손날 목치기를 한다. 〈반복수련〉

* 왼주먹 몸통지르기를 한다. <반복수련>

* 오른주먹 몸통지르기를 한다. <반복수련>

* 나란히 서기 -준비서기를 한다.

* 왼발을 오른발에 붙여 오른발을 뒤로 물러 왼앞서기를 한다.

* 오른발 앞차기를 한 후 발을 앞에 둔다.

* 오른발을 당겨 왼발에 붙여 왼발을 뒤로 물려 오른앞서기를 한다.

* 왼발 앞차기를 한 후 발을 앞에 둔다.

* 왼발을 당겨 오른발에 붙여 오른발을 뒤로 물려 왼앞서기를 한다.

2단계 -지도자의 구령에 맞춰 실시하되 횟수는 4회에 기준을 정하고 왼쪽을 시작점으로 하여 실시한다. 지속적인 기합과 단체의 동일성을 갖춘 수련생들의 동작이 하나가 되면 단결력을 과시하고 무도적인 도장의 활력이 향상된다.

2. 기본동작 익히기 (개인, 그룹, 단체)

- 연결동작

1) 왼앞서기 자세를 한다.
2) 왼아래막기를 한다.
3) 왼아래막고 왼발을 뒤로 물려 왼뒷굽이자세에서 오른몸통안막기를 한다.
4) 왼앞서기 자세를 한다.
5) 왼아래막기를 하고 왼발을 뒤로 물려 왼뒷굽이자세에서 오른몸통안막기를 한 후 오른손날 바깥치기를 한다.
6) 왼앞서기 자세를 한다.
7) 왼아래막기를 하고 왼발을 뒤로 물려 왼뒷굽이자세에서 오른몸통안막기를 한 후 오른손날 바깥치기를 하고 왼주먹 몸통지르기를 한다.
8) 왼앞서기 자세를 한다.
9) 왼아래막기를 하고 왼발을 뒤로 물려 왼뒷굽이자세에서 오른몸통안막기를 한 후 오른

손날 바깥치기를 하고 왼주먹 몸통지르기를 한 후 왼발 앞차기를 한 후 발을 앞에 놓고 왼발을 당겨 오른발을 뒤로 물러 왼앞서기 자세를 한다.

* 발을 바꾸어 반대 동작도 1~9까지 실시한다.

3. 1보 겨루기 (2인 1조 연습)
* 서로 마주보고 겨루기 자세를 한다
* 공격자가 공격을 하고 방어자는 거리 조정능력과 속도에 따른 타이밍을 감지하여 동작을 정확하게 파악하고 방어부위와 공격위치를 실수 없이 실행해야 한다.

참조: 천천히 동작하여 공격과 방어의 동작 쓰임을 알게 한다. 낱동작으로 반복적인 수련을 실시하고 공격자와 방어자의 역할을 바꾸어 가면서 연습한다.

4. 약속 겨루기 (2인 1조 연습)
* 서로 마주보고 겨루기 자세를 한다
* 공격자가 자유자재로 움직이며 공격을 하되 지도자의 지시에 따라 공격동작과 방어동작을 실행한다. 지도자는 태권도 호신술 과정 단계별로 방어동작 순서를 지시하여 알리면 공격자와 방어자는 즉각 실행한다. 방어자는 거리 조정능력과 속도에 따른 타이밍 그리고 공격방향에 주의 하면서 방어부위와 공격위치를 사전에 감지하여 실수 없이 방어하여 태권도 호신 능력을 키운다.

참조: 적당한 속도로 공격과 방어를 실시하되 점차적으로 빠르게 이루어지는 연습을 한다. 이때 연습으로 인해 인체에 부상을 초래할 수 있으니 개인 보호장구를 갖추고 실시하는 것이 용이하다. 실전상황을 고려하여 지속적인 훈련을 통해 방어능력이 뛰어나게 향상될 것이다. 공격자와 방어자의 역할을 바꾸어 가면서 연습한다.

태권도 호신술 유급자과정

START

기본과정
호신술이란, 호신술목적, 호신술효과, 호신술의 구성, 호신술의 원리, 호신술 기본기술, 피하기훈련, 방향전환, 현장벗어나기, TEST

주먹 몸통 지를 때 (태극1장-1차 과정)
기본동작 익히기, 기본자세 익히기(아래막기/몸통안막기/손날목치기/주먹지르기/앞차기), 기본동작 익히기(연결동작), 1보겨루기, 약속겨루기(TEST)

주먹 얼굴 지를 때 (태극2장-2차 과정)
기본자세 익히기(얼굴막기/바탕손돌려막기/주먹지르기/앞차기), 기본동작 익히기(연결동작), 1보겨루기, 약속겨루기(TEST)

앞차고 주먹 두 번 지를 때 (태극3장-3차 과정)
기본자세 익히기(아래막기/왼바탕손막기/오른바탕손막기/손날등눌러막기/주먹지르기/주먹돌려지르기/돌려차기), 기본동작 익히기(연결동작), 1보겨루기, 약속겨루기(TEST)

오른주먹 몸통반대지르기할 때 (태극4장-4차 과정)
기본자세 익히기(양손날막기/손끝[세워주먹]지르기/얼굴바깥막기/바탕손눌러막기/주먹얼굴지르기/오른발옆차기), 기본동작 익히기(연결동작), 1보겨루기, 약속겨루기(TEST)

옆차고 팔굽치기할 때 (태극5장-5차 과정)
기본자세 익히기(양손날눌러막기/양손날옆막기/등주먹치기/주먹지르기/앞차기), 기본동작 익히기(연결동작), 1보겨루기, 약속겨루기(TEST)

얼굴돌려차고 주먹얼굴지를 때 (태극6장-6차 과정)
기본자세 익히기(양손날옆막기/팔목바깥막기/주먹지르기/앞차기), 기본동작 익히기(연결동작), 1보겨루기, 약속겨루기(TEST)

오른발앞차고 무릎치기할 때 (태극7장-7차 과정)
기본자세 익히기(아래막기/팔목눌러막기/옆지르기/표적안차기/돌려차기), 기본동작 익히기(연결동작), 1보겨루기, 약속겨루기(TEST)

7차 과정(배운 과정 반복훈련), 1보겨루기(약속겨루기/액션겨루기/1:2 겨루기/TEST)

두발당성앞차기, 주먹돌려지르기할 때 (태극8장-8차 과정)
기본자세 익히기(옆으로피하기/팔목바깥막기/팔굽돌려치기/등주먹치기/주먹지르기/당성높이앞차기), 기본동작 익히기(연결동작), 1보겨루기, 약속겨루기(TEST)

8차 과정(배운 과정 반복훈련), 1보겨루기(약속겨루기/액션겨루기/1:2 겨루기), 종합과정(반복훈련/과정별 격파훈련/1품, 단 응심/최종 TEST)

※ 본 띠체계는 대한태권도협회 규정과는 무관하며 태권도장 지도자를 위한 참고 자료로 활용하시길 바랍니다.

2. 고려~십진 품새 응용 태권도 호신술

1) 기본동작 익히기

(1) 주먹 피하기

가. 밖에서 안으로 막을 때

상대방이 공격하려고 할 때

공격자: 오른앞서기에서 오른주먹 얼굴 지르기를 한다.
방어자: 오른어깨를 뒤로 물러 왼바탕손으로 공격자의 손목을 눌러 막는다.

방어자: 오른발을 앞으로 한걸음 옮긴다.

1) 기본동작 익히기

중간동작

공격자: 오른발을 당겨 붙여 모아서기를 한다. →
방어자: 왼발을 당겨 붙여 모아서기를 한다. ⇢

공격자: 오른발을 뒤로 옮겨 왼앞서기를 한다.
방어자: 오른발을 뒤로 옮겨 왼앞서기를 한다.

나. 안에서 밖으로 막을 때

상대가 공격하려 할 때

공격자: 오른발을 앞으로 옮겨 오른앞서기 자세에서 오른 주먹지르기를 한다.
방어자: 몸을 약간 뒤로 물러 오른손날로 공격자의 오른손목을 막는다.

방어자: 오른손날로 공격자의 오른 손목을 안에서 시계 반대 방향으로 돌려 헤쳐낸다.

1) 기본동작 익히기

공격자: 왼발을 앞으로 당겨 모아서기를 한다.
방어자: 오른발을 1보 앞으로 옮긴다.

방어자: 왼발을 당겨 붙여 모아서기를 한다.

중간동작

공격자: 오른발을 뒤로 옮겨 왼앞서기를 한다.
방어자: 오른발을 뒤로 옮겨 왼앞서기를 한다.

다. 양손을 안에서 밖으로 막을 때

상대가 공격하려 할 때

공격자: 양손으로 방어자의 어깨를 잡으려 한다.
방어자: 몸을 약간 뒤로 물러 오른손날로 공격자의 오른 손목을 막는다.

방어자: 오른손날로 공격자의 오른 손목을 시계반대 방향으로 돌려 헤쳐낸다.

방어자: 오른발을 1보 앞으로 옮긴다.

1) 기본동작 익히기

공격자: 오른발을 당겨 붙여 모아서기를 한다.
방어자: 왼발을 당겨 붙여 모아서기를 한다.

공격자: 오른발을 뒤로 옮겨 왼앞서기를 한다.
방어자: 오른발을 뒤로 옮겨 왼앞서기를 한다.

(2) 주먹 막기

가. 주먹 한번지르기 할 때

| 상대방이 공격하려고 할 때 | **공격자:** 왼주먹 얼굴지르기를 한다.
방어자: 왼어깨를 뒤로 물러 오른바탕손으로 공격자의 손목을 눌러막는다. |

나. 주먹 두번지르기할 때

| 상대방이 공격하려고 할 때 | **공격자:** 왼주먹 얼굴지르기를 한다.
방어자: 왼어깨를 뒤로 물러 오른바탕손으로 공격자의 손목을 눌러 막는다. | **공격자:** 오른주먹 얼굴지르기를 한다.
방어자: 오른어깨를 뒤로 물러 왼바탕손으로 공격자의 손목을 눌러 막는다. |

2) 고려 품새 응용 태권도 호신술

> **참조**
> 1차~3차과정이란 심사주기의 과정을 말하며 고려에서는 4개월(1차심사)을 의미한다. 고려에서는 총 3차과정(12개월)을 기준으로 승단심사에 응심 할 수 있는 자격이 주어지는 것을 말한다.

(1) 고려-1차 과정 (오른발 앞차기, 오른아귀손 목젖지르기 할 때)

상대방이 공격하려고 할 때

공격자: 오른발 앞차기를 한다.
방어자: 왼손날 아래막기를 한다.

공격자: 아귀손 목젖치기를 한다.
방어자: 왼발을 뒤로 옮겨 오른몸통 안막기를 한다.

방어자: 왼손등 눌러막기를 한다.

방어자: 오른주먹으로 공격자의 명치를 지른다.

방어자: 왼주먹으로 공격자의 얼굴을 지른다.

2) 고려 품새 응용 태권도 호신술

 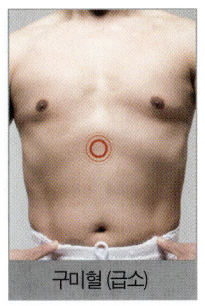

구미혈 (급소)

방어자: 왼발 앞차기로 구미혈(급소)를 찬다. **주의요망**

| **방어자:** 오른발 온몸돌려 뒤후려차기 준비동작을 한다. | **방어자:** 오른발 온몸돌려 뒤후려차기로 얼굴을 찬다. |

방어자세를 취한 후 다음 상황에 대비한다.

(2) 고려-2차과정 (오른발 앞차기, 양어깨 잡으려 할 때)

상대방이 공격하려고 할 때

공격자: 오른발 앞차기를 한다.
방어자: 복부를 뒤로 물러 왼손날 아래막기를 한다.

방어자: 몸통헤쳐막기 준비동작을 한다.

공격자: 양손으로 방어자 양어깨를 잡는다.
방어자: 팔목 몸통헤쳐막기를 한다.

방어자: 오른손날로 공격자의 부돌혈(급소)를 친다.
주의요망

2) 고려 품새 응용 태권도 호신술

방어자: 왼주먹지르기로 공격자의 명치를 지른다.

공격자: 뒤로 밀린다.
방어자: 오른발을 옮겨 앞꼬아서기를 한다.

방어자: 왼발 옆차기로 공격자 복부를 찬다.

방어자세를 취한 후 다음 상황에 대비한다.

(3) 고려- 3차 과정 (오른발 앞차기, 왼주먹 얼굴지를 때)

상대방이 공격하려고 할 때

공격자: 오른발 앞차기를 한다.
방어자: 왼손으로 발목잡고 오른아귀손으로 무릎 독비혈 (급소)를 눌러 꺾는다.

방어자: 돌려막기 준비동작을 한다.

공격자: 왼주먹 지르기를 한다.
방어자: 왼바탕손으로 시계방향으로 돌려막기를 한다.

방어자: 왼바탕손으로 공격자의 왼팔을 시계방향으로 돌려 헤쳐낸다.

2) 고려 품새 응용 태권도 호신술

방어자: 왼앞굽이 자세에서 오른주먹 지르기로 공격자의 옆구리를 지른다.

방어자: 왼주먹으로 공격자의 얼굴을 지른다.

방어자: 오른발 내려차기로 공격자의 얼굴을 찬다.

방어자세를 취한 후 다음 상황에 대비한다.

3) 금강 품새 응용 태권도 호신술

참조
1차~6차 과정이란 심사주기의 과정을 말하며 금강에서는 4개월(1차 심사)을 의미한다. 금강에서는 총 6차 과정(24개월)을 기준으로 승단심사에 응심할 수 있는 자격이 되는 것을 말한다.

(1) 금강 - 1차 과정 (왼바탕손으로 가슴을 한 번 치며 오른아귀손으로 목을 잡으려 할 때)

상대방이 공격하려고 할 때

중간동작

공격자: 왼손으로 방어자의 가슴을 친다. (왼앞서기)
방어자: 뒤로 약간 물러선다.

3) 금강 품새 응용 태권도 호신술

공격자: 오른발을 앞으로 옮겨 오른손으로 방어자의 목을 잡으려 한다. (오른앞서기)
방어자: 오른손날 안막기로 공격자의 오른팔을 막은 후 시계반대방향으로 공격자의 손목을 돌려 막는다.

방어자: 왼주먹으로 공격자의 옆구리를 지른다. | **방어자:** 오른바탕손으로 공격자의 얼굴을 친다.

방어자: 오른발 옆차기로 공격자의 복부를 찬다. | 방어자세를 취한 후 다음 상황에 대비한다.

(2) 금강 - 2차 과정 (양손으로 가슴을 칠 때)

상대방이 공격하려고 할 때

공격자: 양손으로 방어자의 가슴을 친다. (왼앞서기)
방어자: 뒤로 약간 물러선다.

공격자: 양손으로 멱살을 잡으려 한다. (오른앞서기)
방어자: 안팔목 몸통 헤쳐막기로 공격자의 양손목을 헤쳐 막는다.

 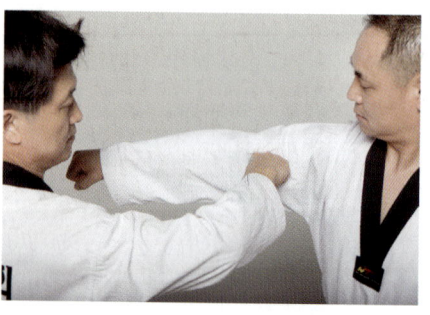

방어자: 오른주먹으로 공격자의 이두근과 삼두근 사이를 돌려 지르기를 한다.

3) 금강 품새 응용 태권도 호신술

방어자: 왼큰돌쩌기 자세에서 옆지르기 준비 동작을 한다.

방어자: 왼주먹 옆지르기로 공격자의 명치를 지른다.

방어자: 오른발 옆차기로 공격자의 복부를 찬다.

방어자세를 취한 후 다음 상황에 대비한다.

Part3 태권도 품새 응용 호신술

(3) 금강 - 3차 과정 (오른발 돌려차고 왼주먹 얼굴지를 때)

상대방이 공격하려고 할 때

공격자: 오른발 돌려차기를 한다.
방어자: 오른학다리서기 금강막기를 한다.

공격자: 왼주먹 얼굴 지르기 한다.
방어자: 왼발을 뒤로 물러 오른팔목 산틀막기를 한다.

공격자: 오른주먹 얼굴지르기를 한다.
방어자: 왼손날 바깥막기로 공격자의 오른팔을 막고 시계반대방향으로 돌려 헤친다.

> 3) 금강 품새 응용 태권도 호신술

방어자: 왼발을 공격자의 뒤로 옮겨 오른손으로 공격자의 턱을 잡고 왼손으로 공격자의 머리를 잡는다.

방어자: 왼발을 시계 반대방향으로 돌려 공격자의 목을 잡아 돌린다.

방어자: 시계 반대방향으로 돌려 넘긴다.

방어자: 왼발로 공격자의 복부를 밟는다.

방어자세를 취한 후 다음 상황에 대비한다.

(4) 금강 - 4차 과정 (머리 숙여 허리 잡으러 들어올 때)

상대방이 공격하려고 할 때

공격자: 허리를 잡으려 한다.
방어자: 왼 범서기 자세에서 양주먹 아래 헤쳐 막기를 한다.

방어자: 왼발을 앞으로 옮겨 오른손으로 공격자의 목을 잡고 왼안팔목으로 공격자의 오른어깨를 꺾는다.

3) 금강 품새 응용 태권도 호신술

방어자: 오른발을 시계방향으로 돌아 오른손으로 공격자의 목을 잡고 왼팔을 공격자의 오른어깨를 꺾어 누른다.

방어자: 오른무릎으로 공격자의 얼굴을 친다.

방어자: 돌려차기 준비동작을 한다.

방어자: 오른발 돌려차기로 공격자의 얼굴을 찬다.

방어자세를 취한 후 다음 상황에 대비한다.

(5) 금강 - 5차 과정 (앞에서 양손으로 멱살 잡혔을 때)

상대방이 공격하려고 할 때

공격자: 앞에서 양손으로 방어자의 멱살을 쳐올려 잡는다.

방어자: 오른발을 공격자의 오른발 앞으로 옮겨 오른손을 올려 공격자의 양팔을 시계반 대방향으로 돌아 헤쳐낸다.

방어자: 큰돌쩌기 자세로 오른주먹으로 공격자의 복부를 지른다.

3) 금강 품새 응용 태권도 호신술

방어자: 뒤후려차기 준비동작을 한다.

방어자: 시계방향으로 오른발 온몸돌려 뒤후려차기로 공격자의 얼굴을 찬다.

방어자세를 취한 후 다음 상황에 대비한다.

(6) 금강 - 6차 과정 (앞에서 양손목 잡혔을 때)

| 상대방이 공격하려고 할 때 | **공격자**: 방어자의 양손목을 잡는다. |

중간동작

방어자: 양손목을 안으로 올린다.　　**방어자**: 왼발을 뒤로 물러 왼뒷굽이 자세에서 메주먹으로 공격자의 오른손목 급소(내간혈)을 치면서 왼손목을 뺀다.

급/소/설/명

내간혈 (급소)은?
심포경위의 요혈로서 팔오금(팔이 접히는 부분)과 팔목사이의 정중앙에 있습니다. 극문혈이라고도 합니다. 정중신경과 내측전박피신경을 자극합니다.

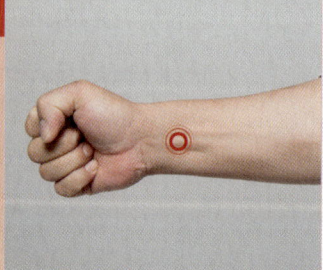

3) 금강 품새 응용 태권도 호신술

| 방어자: 오른발을 약간 앞으로 옮겨 오른앞굽이 자세에서 왼바탕손으로 공격자의 턱을 친다. | 방어자: 왼발 앞차기로 공격자의 복부를 찬다. |

| 방어자: 뒤후려차기 준비동작을 한다. | 방어자: 시계방향으로 오른발 온몸돌려 뒤후려차기로 공격자의 얼굴을 찬다. |

방어자세를 취한 후 다음 상황에 대비한다.

Part3 태권도 품새 응용 호신술

4) 태백 품새 응용 태권도 호신술

> **참조**
> 1차~9차 과정이란 심사주기의 과정을 말하며 태백에서는 4개월(1차 심사)을 의미한다. 태백에서는 총 9차 과정(36개월)을 기준으로 승단심사에 응심할 수 있는 자격을 갖는 것을 말한다.

(1) 태백 - 1차 과정 (머리 숙여 허리를 잡으려 할 때)

상대방이 공격하려고 할 때

공격자: 머리 숙여 방어자의 허리를 잡으려 한다.
방어자: 양손날로 헤쳐 막는다.

방어자: 왼앞굽이 지세에서 주먹으로 공격자의 오른팔 이두근과 삼두근 사이를 지른다.

4) 태백 품새 응용 태권도 호신술

방어자: 왼주먹으로 공격자의 얼굴 돌려지르기를 한다.   **방어자:** 오른발 돌려차기로 공격자의 얼굴을 찬다.

방어자세를 취한 후 다음 상황에 대비한다.

(2) 태백 - 2차 과정 (오른주먹 얼굴지르기를 할 때)

상대방이 공격하려고 할 때

공격자: 오른앞굽이 자세에서 오른주먹 얼굴 지르기를 한다.
방어자: 오른뒷굽히기 금강몸통막기를 한다.

방어자: 시계 반대방향으로 왼손목을 돌려 공격자의 오른손목을 잡아 옆으로 당긴다.

방어자: 왼발 옆차기로 공격자의 옆구리를 찬다.

4) 태백 품새 응용 태권도 호신술

중간동작

방어자: 오른팔굽으로 공격자의 얼굴을 친다.

방어자: 오른발 시계 반대방향으로 올려 공격자의 머리를 내려찬다.

방어자: 방어자세를 취한 후 다음 상황에 대비한다.

(3) 태백 - 3차 과정 (오른손목을 잡혔을 때)

상대방이 공격하려고 할 때

공격자: 왼손으로 방어자의 오른손목을 잡는다.

중간동작

방어자: 오른앞시기에서 시계 반대방향으로 몸을 돌려 오른손목을 뺀다.

방어자: 왼발을 시계 방향으로 돌아 왼등주먹으로 공격자의 얼굴을 친다.

4) 태백 품새 응용 태권도 호신술

방어자: 오른주먹으로 공격자의 늑골을 지른다.

방어자: 오른발 앞차기로 공격자의 얼굴을 찬다.

방어자: 왼발 돌려차기로 공격자의 얼굴을 찬다.

방어자세를 취한 후 다음 상황에 대비한다.

(4) 태백 - 4차 과정 (멱살 잡고 복부 치지르기 할 때)

상대방이 공격하려고 할 때

공격자: 왼손으로 방어자의 멱살을 잡고 오른 주먹으로 복부를 치지르기를 한다.

방어자: 가위막기로 공격자의 오른, 왼팔을 막는다.

4) 태백 품새 응용 태권도 호신술

방어자: 오른주먹 지르기로 공격자의 명치를 지른다.

방어자: 왼주먹 지르기로 공격자의 명치를 지른다.

방어자: 오른앞차기로 공격자의 얼굴을 찬다.

방어자: 왼 옆차기로 공격자의 몸통을 찬다.

방어자세를 취한 후 다음 상황에 대비한다.

(5) 태백 - 5차 과정 (오른손 멱살 잡으려 할 때)

상대방이 공격하려고 할 때

공격자: 오른손으로 공격자의 멱살을 잡으려 한다.
방어자: 왼바탕손으로 눌러 막는다.

방어자: 왼발 다가가 거들어 세워 주먹지르기(손끝찌르기)로 공격자의 명치를 지른다.

공격자: 왼손바닥으로 방어자의 오른뺨을 때리려 할 때
방어자: 오른손날으로 바깥막기를 한다.

 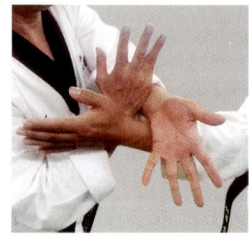

방어자: 왼손등으로 공격자의 왼손목을 시계 방향으로 돌려 누른다.

4) 태백 품새 응용 태권도 호신술

방어자: 왼손날로 공격자의 왼팔을 시계 방향으로 돌려막는다.

방어자: 1보 앞으로 옮겨 오른앞굽이 자세에서 오른주먹으로 공격자의 늑골을 지른다.

방어자: 왼발 앞차기로 공격자의 복부를 찬다.

방어자: 뒤후려차기 준비동작을 한다.

방어자: 오른발 온몸돌려 뒤후려차기로 공격자의 얼굴을 찬다.

방어자세를 취한 후 다음 상황에 대비한다.

(6) 태백 - 6차 과정 (왼손으로 가슴을 밀며 오른손으로 머리를 잡으려 할 때)

상대방이 공격하려고 할 때

공격자: 왼바탕손으로 공격자의 가슴을 친다.

공격자: 오른손으로 방어자의 머리를 잡으려 한다.

방어자: 왼손날로 공격자의 오른팔을 막고 오른손날로 공격자의 목을 친다.

방어자: 공격자의 오른팔을 시계 반대방향으로 오른손 목을 돌려 헤쳐 막는다.

4) 태백 품새 응용 태권도 호신술

방어자: 왼주먹으로 공격자의 옆구리를 지른다. | **방어자**: 오른발 옆차기로 공격자의 옆구리를 찬다.

방어자: 제자리 오른발 돌개차기로 공격자의 얼굴을 찬다.

방어자세를 취한 후 다음 상황에 대비한다.

(7) 태백 - 7차 과정 (바깥손목치기 -7)

상대방이 공격하려고 할 때

공격자: 왼손으로 방어자의 오른손목을 잡아당긴다.

4) 태백 품새 응용 태권도 호신술

방어자: 왼발을 앞으로 옮겨 시계 반대방향으로 손목을 돌려 올리며 금강몸통막기로 손목을 뺀다.

방어자: 오른손날 목치기로 공격자 부돌혈(급소)를 친다.

방어자: 왼주먹 옆지르기로 공격자의 명치를 지른다.

방어자: 온몸돌려 오른발 뒤후려차기로 공격자의 얼굴을 찬다.

방어자세를 취한 후 다음 상황에 대비한다.

(8) 태백 - 8차 과정 (오른발 앞차기, 오른주먹지르기 할 때)

상대방이 공격하려고 할 때

공격자: 오른발 앞차기를 한다.
방어자: 왼아래막기로 공격자의 발을 막는다.

공격자: 오른주먹 얼굴지르기를 한다.
방어자: 금강몸통막기로 공격자의 오른팔을 막는다.

4) 태백 품새 응용 태권도 호신술

| 방어자: 시계 반대방향으로 손목을 돌려 잡는다. | 방어자: 당겨 오른주먹 늑골 치지르기 한다. | 방어자: 왼주먹 옆지르기로 공격자의 얼굴을 지른다. |

| 방어자: 왼 옆차기로 공격자의 옆구리를 찬다. | 방어자: 오른발 내려차기로 공격자의 얼굴을 찬다. |

방어자세를 취한 후 다음 상황에 대비한다.

Part3 태권도 품새 응용 호신술

(9) 태백 - 9차 과정 (오른발 앞차기, 목을 잡으려 할 때 -2)

상대방이 공격하려고 할 때

공격자: 오른발 앞차기를 한다.
방어자: 왼아래막기를 한다.

공격자: 오른팔로 방어자의 목을 잡으려 한다.
방어자: 자세를 낮추어 시계방향으로 돌려 왼발을 옆으로 옮겨 피한다.

공격자: 오른등주먹으로 방어자의 얼굴을 친다.
방어자: 오른손날로 공격자의 오른팔을 막는다.

4) 태백 품새 응용 태권도 호신술

  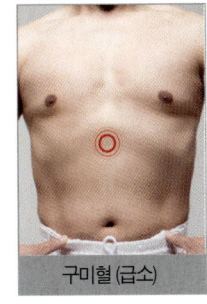

구미혈 (급소)

공격자: 오른발을 앞굽이 자세에서 왼주먹지르기로 방어자의 몸통을 지른다.
방어자: 오른바탕손으로 공격자의 오른팔을 눌러 막는다.

방어자: 왼주먹 지르기로 공격자의 구미혈(급소)를 지른다. **주의요망**

중간동작

방어자: 오른발 옆차기로 공격자의 몸을 찬다.

방어자: 오른발 돌개차기로 공격자의 얼굴을 찬다.

방어자세를 취한 후 다음 상황에 대비한다.

5) 평원, 십진 품새 응용 태권도 호신술

> **참조**
> 1차~12차 과정이란 심사주기의 과정을 말하며 평원, 십진에서는 4개월(1차심사)을 의미한다. 평원, 십진에서는 총 12차 과정(48개월)을 기준으로 승단심사에 응심할 수 있는 자격을 갖는 것을 말한다.

(1) 평원, 십진 - 1차 과정 (왼손으로 가슴을 밀 때)

상대방이 공격하려고 할 때

공격자: 왼바탕손으로 공격자의 가슴을 친다.

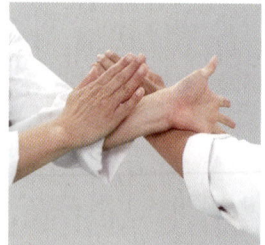

방어자: 오른손바닥 거들어 몸통바깥막기로 공격자의 손목을 막는다.

방어자: 시계 반대방향으로 왼손목을 돌려 막는다.

5) 평원, 십진 품새 응용 태권도 호신술

방어자: 오른옆은편손끝으로 공격자의 천돌(급소)를 찌른다.	방어자: 왼주먹 지르기로 공격자의 명치를 지른다.	방어자: 오른주먹으로 공격자의 명치를 지른다.

방어자: 오른앞차기로 공격자의 얼굴을 찬다.

방어자: 내려짓찧으며 딛어 뒤꼬아서기자세에서 오른등주먹으로 공격자의 얼굴을 친다.	방어자세를 취한 후 다음 상황에 대비한다.

(2) 평원, 십진 - 2차 과정 (양손으로 양어깨를 잡으려 할 때)

상대방이 공격하려고 할 때

공격자: 양손으로 방어자의 어깨를 잡으려한다.
방어자: 손날등 몸통헤쳐막기로 공격자의 양팔을 막는다.

방어자: 쳇다리 지르기로 왼주먹은 공격자의 얼굴을 오른주먹은 공격자의 명치를 지른다.

방어자: 오른발 앞차기로 공격자의 복부를 찬다.

방어자: 뒤차기 준비동작을 한다.

5) 평원, 십진 품새 응용 태권도 호신술

방어자: 시계 반대방향으로 온몸돌아 왼발 뒤차기 자세를 한다.

방어자: 왼발 뒤차기로 공격자의 복부를 찬다.

방어자세를 취한 후 다음 상황에 대비한다.

(3) 평원, 십진 - 3차 과정 (양손 머리 잡고 무릎으로 얼굴 공격할 때)

상대방이 공격하려고 할 때

방어자: 손날등 몸통헤쳐막기로 공격자의 양 팔을 막는다.

공격자: 오른무릎으로 방어자의 얼굴을 친다.
방어자: 양손날 엇걸어 아래막기로 공격자의 무릎을 눌러 막는다.

공격자: 왼주먹 돌려지르기로 공격자의 얼굴을 지른다.
방어자: 오른손날 돌려막기로 공격자의 왼팔을 막고 손목을 잡아당긴다.

5) 평원, 십진 품새 응용 태권도 호신술

방어자: 왼주먹 옆지르기로 공격자의 명치를 지른다.

방어자: 시계방향으로 온몸돌아 오른발 뒤차기 자세를 한다.

방어자: 오른발 뒤차기로 공격자의 복부를 찬다.

방어자세를 취한 후 다음 상황에 대비한다.

(4) 평원, 십진 - 4차 과정 (오른발 돌려차고 오른손으로 뺨 때리려 할 때)

상대방이 공격하려고 할 때

공격자: 오른발 돌려차기로 방어자의 옆구리를 찬다
방어자: 손날 거들어 아래막기로 공격자의 오른발을 막는다.

공격자: 오른손으로 방어자의 왼뺨을 때린다.
방어자: 손날등 바깥막기로 공격자의 오른팔을 막는다.

방어자: 쳇다리 지르기로 공격자의 얼굴과 몸통을 지른다.

5) 평원, 십진 품새 응용 태권도 호신술

방어자: 온몸돌려 시계방향으로 돌아 오른발 뒤후려차기로 공격자의 얼굴을 찬다.

방어자: 돌려차기 준비동작을 한다.   **방어자:** 오른발 돌려차기로 공격자의 얼굴을 찬다.

방어자세를 취한 후 다음 상황에 대비한다.

(5) 평원, 십진 - 5차 과정 (오른손으로 방어자 왼어깨를 잡으려 하고 왼발로 돌려차기할 때)

상대방이 공격하려고 할 때
(공격자는 좌측, 방어자는 정면)

공격자: 오른앞서기에서 오른손으로 방어자의 왼어깨를 잡으려 한다.

방어자: 왼손날 바깥막기로 공격자의 오른손목을 막는다.

공격자: 왼발돌려차기로 방어자의 옆구리를 찬다.
방어자: 왼발을 뒤로물러 오른손날 시계 반대방향으로 돌려 아래막기를 한다.

5) 평원, 십진 품새 응용 태권도 호신술

공격자: 오른주먹 돌려지르기로 방어자의 얼굴을 지른다. **방어자:** 오른팔목 몸통거들어 안막기로 공격자의 오른팔목을 막는다.	**방어자:** 오른팔굽 멍에치기로 공격자의 명치를 친다.

방어자: 오른등주먹으로 공격자의 얼굴을 친다.	**방어자:** 시계 반대방향으로 온몸돌려 뒤차기 자세를 한다.

방어자: 왼발뒤차기로 공격자의 복부를 찬다.	방어자세를 취한 후 다음 상황에 대비한다.

(6) 평원, 십진 - 6차 과정 (등 뒤에서 오른손으로 어깨 잡고 왼발로 돌려차기할 때)

상대방이 공격하려고 할 때 | **공격자:** 오른손으로 방어자의 왼어깨를 잡는다.

방어자: 시계 반대방향으로 돌아 왼손날 몸통바깥막기로 잡힌 어깨를 쳐낸다. | **방어자:** 왼발 옆차기로 공격자의 옆구리를 찬다.

공격자: 왼발 돌려차기로 방어자의 가슴을 찬다.
방어자: 왼손 아래, 오른손 위로 하여 팔 엇걸어 막기로 공격자의 발을 막는다.

5) 평원, 십진 품새 응용 태권도 호신술

| **방어자:** 왼등주먹으로 공격자의 얼굴을 친다. | **방어자:** 오른주먹으로 공격자의 복부를 지른다. |

| **방어자:** 오른 앞차기로 공격자의 얼굴을 찬다. | **방어자:** 시계 반대방향으로 온몸 돌아 왼발 뒤차기 자세를 한다. |

| **방어자:** 왼발 뒤차기로 공격자의 복부를 찬다. | 방어자세를 취한 후 다음 상황에 대비한다. |

Part3 태권도 품새 응용 호신술 **139**

(7) 평원, 십진 - 7차 과정 (오른손으로 머리를 잡으려 하고 왼발 돌려차기를 할 때)

상대방이 공격하려고 할 때

공격자: 방어자 왼쪽에서 오른손으로 방어자의 머리를 잡으려 한다.

중간동작

방어자: 왼손날 돌려막기와 동시에 공격자의 오른손목을 잡는다.

방어자: 오른발을 공격자 앞으로 옮겨 오른주먹 옆지르기를 한다.

중간동작

방어자: 오른발 옆차기로 공격자의 복부를 찬다.

5) 평원, 십진 품새 응용 태권도 호신술

공격자: 왼발 돌려차기로 방어자의 옆구리를 돌려 찬다.
방어자: 왼 팔목 거들어 올려 막기로 공격자의 왼 발을 막는다.

공격자: 오른 주먹으로 방어자의 왼쪽 얼굴을 돌려 지른다.

방어자: 왼손날 바깥막기로 공격자의 오른손목을 막고 오른손날로 급소(부돌혈)을 친다. **주의요망**

방어자세를 취한 후 다음 상황에 대비한다.

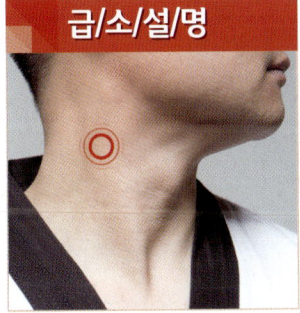

급/소/설/명

부돌혈 (급소)은?
대장경의 요혈로서 볼록히 나온 목뼈좌우 5-6cm 되는 흉쇄돌근이라는 근육위에 있습니다. 동맥이 지나가며 경신경총의 가지가 지나는 곳입니다.

(8) 평원, 십진 - 8차 과정 (목덜미 뒤를 잡으려 하며 왼손으로 머리 잡으려 할 때)

상대방이 공격하려고 할 때	**공격자:** 오른손으로 방어자의 목덜미 뒤를 잡으려 한다.

방어자: 왼손으로 공격자의 오른손목을 잡는다.	**방어자:** 오른팔굽으로 내간혈 (급소)를 친다.	**공격자:** 왼손으로 방어자의 머리를 잡으려 한다. **방어자:** 오른손날로 공격자의 왼팔을 막는다.

5) 평원, 십진 품새 응용 태권도 호신술

방어자: 오른앞굽이 자세에서 왼팔굽으로 공격자의 얼굴을 쳐올린다.

방어자: 왼발로 공격자의 낭심을 찬다.

방어자: 뒤차기 준비동작을 한다.

시계방향으로 온몸 돌아 오른발 뒤차기 자세를 한다.

방어자: 오른발 뒤차기로 공격자의 복부를 찬다.

방어자세를 취한 후 다음 상황에 대비한다.

(9) 평원, 십진 - 9차 과정 (뒤에서 오른손으로 머리 잡혔을 때)

상대방이 공격하려고 할 때

공격자: 뒤에서 오른손으로 방어자의 머리를 잡아당긴다.

방어자: 오른손으로 공격자의 오른손을 눌러 잡고 왼발이 공격자의 오른발 뒤로 옮겨 왼팔굽(멍에치기)으로 공격자의 복부를 지른다.

방어자: 얼굴 거들어 옆막기로 공격자의 오른팔목을 쳐낸다.

5) 평원, 십진 품새 응용 태권도 호신술

방어자: 오른주먹으로 공격자의 명치를 지른다.   **방어자:** 오른발 앞차기로 공격자의 얼굴을 찬다.

방어자: 뒤차기 준비동작을 한다.   **방어자:** 시계 반대방향으로 온몸 돌려 뒤차기 자세를 한다.

방어자: 왼발 뒤차기로 공격자의 복부를 찬다.   방어자세를 취한 후 다음 상황에 대비한다.

(10) 평원, 십진 - 10차 과정 (오른발 앞차고 양손으로 머리를 잡으려 할 때)

상대방이 공격하려고 할 때

공격자: 오른발 앞차기로 방어자의 복부를 찬다.
방어자: 범서기 양손날 아래막기로 공격자의 오른발을 눌러 막는다.

방어자: 헤쳐막기 준비동작을 한다.

공격자: 양손으로 방어자의 머리를 잡으려 한다.
방어자: 손날등 얼굴 헤쳐막기로 공격자의 양팔을 막는다.

방어자: 쳇다리 지르기로 공격자의 얼굴과 복부를 지른다.

5) 평원, 십진 품새 응용 태권도 호신술

방어자: 오른발 앞차기로 공격자의 얼굴을 찬다.

방어자: 옆차기 준비동작을 한다.　　**방어자**: 시계반대방향으로 온몸돌아 왼발 뒤차기 자세를 한다.

방어자: 왼발 옆차기로 공격자의 복부를 찬다.　　방어자세를 취한 후 다음 상황에 대비한다.

(11) 평원, 십진 - 11차 과정 (오른발 앞차기, 오른손 목 잡으려 할 때)

상대방이 공격하려고 할 때

공격자: 오른발 앞차기로 공격자의 복부를 찬다.
방어자: 왼 아래막기로 공격자의 오른발을 막는다.

공격자: 오른손으로 방어자의 목을 잡으려 한다.
방어자: (오른손)얼굴거들어 옆막기로 공격자의 오른팔을 막는다.

공격자: 왼주먹으로 방어자의 얼굴을 돌려 지른다.
방어자: 오른손거들어 왼등주먹으로 공격자의 급소(편력혈)을 친다.

5) 평원, 십진 품새 응용 태권도 호신술

중간동작

방어자: 오른바탕손으로 공격자의 왼주먹을 눌러 막음과 동시에 왼등주먹으로 공격자의 얼굴을 친다.

방어자: 오른주먹으로 공격자의 명치를 지른다. | 방어자: 오른발로 공격자의 낭심을 찬다.

방어자: 오른발 앞으로 내려 짓 찌며 디뎌 왼뒤꼬아 서기 자세에서 등주먹얼굴 거들어 앞치기로 공격자의 얼굴을 친다. | 방어자세를 취한 후 다음 상황에 대비한다.

(12) 십진, 평원 - 12차 과정 (왼발 앞차고 어깨를 잡으려 할 때)

상대방이 공격하려고 할 때

공격자: 오른발 앞차기로 공격자의 복부를 찬다.
방어자: 왼아래막기로 공격자의 발을 막는다.

공격자: 오른손으로 방어자의 왼쪽 어깨를 잡으려 한다.

방어자: 오른손바닥 거둬 손날등 바깥막기로 공격자의 오른 팔을 막는다.

방어자: 왼앞굽이 자세에서 쳇다리 지르기로 공격자의 몸통과 얼굴을 지른다.

5) 평원, 십진 품새 응용 태권도 호신술

방어자: 오른발 앞차기로 공격자의 얼굴을 찬다.

방어자: 뒤차기 준비동작을 한다. | 시계반대방향으로 온몸돌아 왼발 뒤차기 자세를 한다.

방어자: 시계 반대방향으로 몸돌아 왼발 뒤차기로 공격자의 복부를 찬다. | 방어자세를 취한 후 다음 상황에 대비한다.

PART 4

태권도 호신술 실전상황 대치법

PART 4 태권도 호신술 실전상황 대치법

1. 1품(단)과정

1) 오른아귀손으로 칼재비 목젖 치기 할 때

상대방이 공격하려고 할 때

공격자: 오른아귀손으로 방어자의 목젖을 친다.　　**방어자:** 왼범서기 자세에서 오른손날 안막기를 한다.

1품(단)과정

| 시계 반대방향으로 오른손날을 돌려 잡는다. | 방어자: 재빠르게 왼발을 공격자의 뒤로 옮겨 오른손으로 공격자의 오른손목을 잡고 왼손으로 공격자의 턱을 잡는다. | 방어자: 왼발을 시계 반대 방향으로 돌려 넘긴다. |

| 방어자: 왼앞서기 자세로 얼굴차기 자세를 한다. | 방어자: 오른발로 공격자의 얼굴을 찬다. | 방어자세를 취한 후 다음 상황에 대비한다. |

Part4 태권도 호신술 실전상황 대치법

2) 바탕손으로 가슴을 밀 때

상대방이 공격하려고 할 때

공격자: 오른바탕손으로 방어자의 가슴을 친다.

방어자: 오른발을 앞으로 옮겨 오른바탕손으로 방어자의 오른손목을 쳐낸다.

방어자: 오른팔굽치기로 공격자의 명치를 친다.

1품(단)과정

방어자: 왼아귀손으로 공격자의 목젖을 지른다. | 왼발 앞차기 준비자세를 한다.

중간동작

방어자: 왼발 앞차기로 공격자의 복부를 찬다.

방어자: 오른발 옆차기로 공격자의 명치를 찬다. | 방어자세를 취한 후 다음 상황에 대비한다.

3) 손목 잡혔을 때-1

| **공격자:** 왼손으로 바깥손목을 잡아당긴다. | 손가락을 펴서 요골과 척골을 돌린다. |

 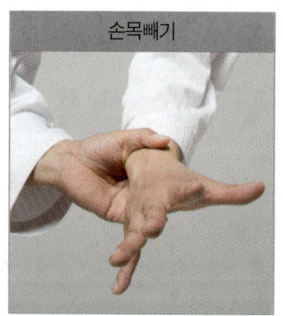

손목빼기

| **방어자:** 손목을 시계 반대방향으로 돌려 밑으로 뺀다. | 손가락을 펴서 요골과 척골을 돌린다. |

1품(단)과정

중간동작

방어자: 오른 등주먹으로 공격자의 얼굴을 친다.

방어자: 오른발 옆차기로 공격자의 복부를 찬다. | 내려차기 자세를 한다.

방어자: 왼발 내려차기로 공격자의 얼굴을 찬다. | 방어자세를 취한 후 다음 상황에 대비한다.

Part4 태권도 호신술 실전상황 대치법

4) 손목 잡혔을 때-2

공격자: 왼손으로 바깥손목을 잡아당긴다.

방어자: 오른발을 옆으로 옮겨 손가락을 세워 공격자의 손목을 시계 반대 방향으로 돌린다.

방어자: 왼발을 시계 반대방향 90도 방향으로 옮겨 오른손날을 돌려 세워 공격자의 손목에 붙인다.

방어자: 오른손날을 세워 공격자의 손목을 밀어 뺀다.

방어자: 왼발 돌려차기로 공격자의 얼굴을 찬다.

뒤후려차기 자세를 한다.

방어자: 온몸 돌려 오른발 뒤후려차기를 찬다.

방어자세를 취한 후 다음 상황에 대비한다.

5) 손목 잡혔을 때-3

공격자: 왼손으로 바깥손목을 잡아당긴다. | **방어자:** 오른발을 뒤로 옮겨 손가락을 세워 위로 올려 뺀다.

방어자: 오른발 앞차기로 공격자의 낭심을 찬다. | 오른무릎 올려 당성 높이 앞차기 사전 동작 자세를 한다.

중간동작

방어자: 오른발 당성 높이 뛰어 앞차기로 공격자의 얼굴을 찬다. | 방어자세를 취한 후 다음 상황에 대비한다.

6) 손목 잡혔을 때-4

공격자: 왼손으로 바깥손목을 잡아 당긴다. | **방어자:** 오른발을 옆으로 옮겨 시계 반대방향으로 손목을 올린다. | 왼발을 앞으로 옮겨 오른손을 위로 올린다.

방어자: 시계방향으로 온몸 돌아 오른 앞서기 자세에서 양손목을 교차시킨다. | **방어자:** 오른발을 뒤로 옮겨 왼앞굽이 자세에서 손목을 뺀다. | **방어자:** 오른발 옆차기로 공격자의 오금을 찬다.

방어자: 왼발 돌려차기로 공격자의 얼굴을 찬다. | 방어자세를 취한 후 다음 상황에 대비한다.

2. 2품(단)과정

2. 2품(단)과정

1) 오른주먹 얼굴 지르기 -1

상대방이 공격하려고 할 때

공격자: 오른앞굽이 자세에서 오른주먹 얼굴 지르기를 한다.
방어자: 왼앞굽이 왼팔목얼굴막기를 한다.

방어자: 오른주먹 바로지르기로 공격자의 명치를 지른다.

2품(단)과정

방어자: 오른발 앞차기로 공격자의 복부를 찬다.

뒤후려차기 준비동작을 한다.

방어자: 시계 반대방향으로 온몸 돌려 왼발 뒤후려차기로 공격자의 얼굴을 찬다.

방어자세를 취한 후 다음 상황에 대비한다.

2) 오른주먹 얼굴 지르기-2

상대방이 공격하려고 할 때

중간동작

공격자: 오른주먹 얼굴 지르기를 한다.
방어자: 왼발을 뒤로 물러 오른손날 안막기를 한다.

방어자: 손목을 시계 반대방향으로 돌려 헤친다. **방어자**: 왼주먹으로 공격자의 옆구리를 지른다.

2품(단)과정

방어자: 오른주먹 공격자의 얼굴을 지른다.

방어자: 왼발 돌려차기로 공격자의 오른 오금을 찬다.

왼발을 뒤로 당겨 모은다.

방어자: 오른발을 뒤로 물러 왼앞서기를 한다.

방어자: 오른발 돌려차기로 공격자의 얼굴을 찬다.

방어자세를 취한 후 다음 상황에 대비한다.

Part4 태권도 호신술 실전상황 대치법 **167**

3) 오른주먹 몸통지르기 -1

상대방이 공격하려고 할 때

공격자: 오른앞서기에서 오른주먹 몸통 반대 지르기를 한다.
방어자: 왼범서기에서 오른바탕손으로 눌러 막는다.

방어자: 왼손날 시계 방향으로 돌려 헤쳐 막는다.

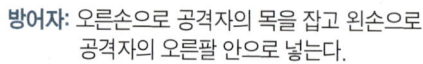

방어자: 오른손으로 공격자의 목을 잡고 왼손으로 공격자의 오른팔 안으로 넣는다.

방어자: 오른발을 공격자의 오른발 앞으로 옮겨 오른손으로 공격자의 목을 잡는다.

2품(단)과정

왼발을 공격자의 왼발앞으로 옮겨 왼손으로 공격자의 허리를 잡고 오른손으로 목을 잡는다.

방어자: 업어치기로 넘긴다.　　**방어자:** 왼주먹으로 공격자의 얼굴을 지른다.

방어자세를 취한 후 다음 상황에 대비한다.

4) 오른주먹 몸통지르기-2

| 상대방이 공격하려고 할 때 | 공격자: 오른앞서기에서 오른주먹 몸통지르기를 한다.
방어자: 왼팔목 몸통바깥막기를 한다. |

| 방어자: 오른발 15도 앞으로 옮겨 왼앞굽이 자세를 한다. | 방어자: 오른바탕손으로 공격자의 늑골을 친다. |

2품(단)과정

방어자: 왼아귀손으로 공격자의 목젖을 지른다.

방어자: 왼발 내려차기로 공격자의 얼굴을 찬다.

방어자세를 취한 후 다음 상황에 대비한다.

5) 오른주먹 몸통지르기-3

상대방이 공격하려고 할 때

공격자: 오른앞서기에서 오른주먹 몸통 지르기를 한다.
방어자: 오른바탕손으로 시계반대방향으로 돌려 공격자의 오른주먹을 눌러 헤쳐막는다.

방어자: 왼주먹으로 공격자의 얼굴을 지른다.

2품(단)과정

방어자: 왼발 돌려차기(나래차기)로 공격자의 오른 발 오금을 찬다.

방어자: 오른발 돌려차기(나래차기)로 공격자의 얼굴을 찬다.

돌려차기 준비자세를 한다.

방어자: 왼발 돌려차기로 공격자의 얼굴를 찬다.

방어자세를 취한 후 다음 상황에 대비한다.

6) 왼주먹 몸통지르기-1

| 상대방이 공격하려고 할 때 | **공격자:** 왼주먹 몸통지르기를 한다.
방어자: 왼어깨를 뒤로 물러 오른바탕손으로 공격자의 손목을 눌러 막는다. |

방어자: 왼주먹으로 돌려 공격자의 이두근과 삼두근 사이를 지른다.

2품(단)과정

방어자: 오른발 돌려차기로 공격자의 오금을 찬다.   **방어자:** 오른발을 뒤로 뺀다.

방어자: 왼발돌려차기로 공격자의 얼굴을 찬다.   방어자세를 취한 후 다음 상황에 대비한다.

7) 왼주먹 몸통지르기 -2

상대방이 공격하려고 할 때

공격자: 왼앞서기에서 왼주먹 몸통지르기를 한다.
방어자: 왼어깨를 뒤로 물러 오른바탕손으로 공격자의 손목을 눌러 막는다.

방어자: 왼손등으로 공격자의 손목을 시계 반대방향으로 돌려 눌러 막는다.

방어자: 왼앞굽이 자세를 에서 오른주먹으로 공격자의 늑골을 지른다.

2품(단)과정

방어자: 왼주먹으로 공격자의 얼굴을 돌려 지른다.

방어자: 왼발 옆차기로 공격자의 오금을 찬다.

내려차기 준비자세를 한다.

방어자: 오른발 내려차기로 공격자의 머리를 찬다.

방어자세를 취한 후 다음 상황에 대비한다.

8) 왼주먹 지르기, 오른주먹 얼굴지르기-1

상대방이 공격하려고 할 때

공격자: 왼앞서기에서 왼주먹 얼굴지르기를 한다.
방어자: 오른바탕손으로 공격자의 왼손목을 눌러 막는다.

공격자: 오른주먹 얼굴지르기를 한다.
방어자: 왼바탕손으로 공격자의 손목을 눌러 막는다.

방어자: 왼발을 앞으로 옮겨 오른손등을 시계방향으로 돌려 공격자의 오른팔을 막는다.

2품(단)과정

방어자: 오른발 옆차기로 공격자의 왼발 안쪽 무릎 관절을 찬다.

내려차기 자세를 한다.

방어자: 오른발을 시계방향으로 돌려 공격자의 얼굴을 내려찬다.

오른발을 뒤로 물러 왼앞서기를 한다.

방어자: 오른발 돌려차기로 공격자의 얼굴을 찬다.

방어자세를 취한 후 다음 상황에 대비한다.

9) 왼주먹 지르기, 오른주먹 얼굴지르기-2

상대방이 공격하려고 할 때

공격자: 왼앞서기에서 왼주먹 얼굴지르기를 한다.
방어자: 오른바탕손으로 공격자의 왼손목을 눌러 막는다.

공격자: 오른주먹 얼굴지르기를 한다.
방어자: 왼바탕손으로 공격자의 손목을 눌러 막는다.

공격자 팔을 붙여 밀면서 왼바탕손을 시계방향으로 돌린다.

2품(단)과정

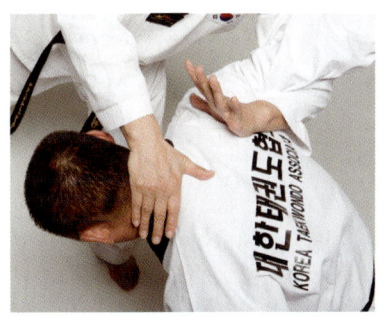

| 오른손으로 공격자의 목을 잡고 왼팔로 공격자의 오른어깨를 밀착시킨다. | **방어자:** 왼팔을 시계방향으로 돌아 공격자의 오른팔 안쪽을 감아 오른발을 시계방향으로 돌아 공격자의 오른 어깨를 꺾는다. |

| **방어자:** 오른손으로 공격자의 목 뒤를 잡아 오른 무릎으로 얼굴을 친다. | 앞차기 준비동작을 한다. |

| **방어자:** 오른발 앞차기로 공격자의 얼굴을 찬다. | 방어자세를 취한 후 다음 상황에 대비한다. |

Part4 태권도 호신술 실전상황 대치법

10) 양손으로 한 손이 잡혔을 때

상대방이 공격하려고 할 때 | **공격자:** 양손으로 오른손목을 잡아당긴다.

연결동작 | **방어자:** 공격자의 왼손목 밖으로 돌려 오른손날을 잡는다.

방어자: 양손을 잡아 왼어깨 방향으로 뺀다. | **방어자:** 손등 손가락으로 공격자의 눈을 헤친다.

2품(단)과정

| **방어자**: 왼주먹 몸통지르기를 한다. | **방어자**: 오른주먹 몸통지르기를 한다. |

| 시계 반대방향으로 돌아 뒤차기자세를 한다. | **방어자**: 왼뒤차기로 공격자의 복부를 찬다. | 뒤후려차기 자세를 한다. |

| **방어자**: 오른발 온몸 돌려 뒤후려차기로 공격자의 얼굴을 찬다. | 방어자세를 취한 후 다음 상황에 대비한다. |

11) 양 손목 잡혔을 때

상대방이 공격하려고 할 때

공격자: 방어자의 양 손목을 잡는다. | 시계방향으로 양 손목을 돌린다.

방어자: 양 손가락을 펴서 시계방향으로 돌려 공격자의 오른손목 밖으로 돌려 헤친다. | 양 손날로 공격자의 손목을 밀어낸다.

2품(단)과정

| 방어자: 오른손날등으로 공격자의 급소 (부돌혈)을 친다. | 내려차기 준비자세를 한다. |

| **방어자:** 오른발 내려차기를 한다. | 앞차기 자세를 한다. |

| **방어자:** 왼발 앞차기로 공격자의 얼굴을 찬다. | 방어자세를 취한 후 다음 상황에 대비한다. |

12) 손목 잡혔을 때

| 상대방이 공격하려고 할 때 | **공격자:** 왼손으로 방어자의 오른손목을 잡는다. |

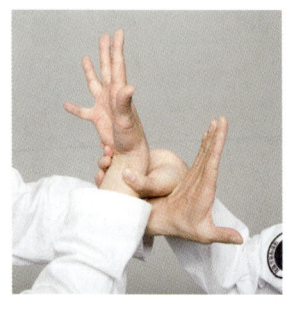

| **방어자:** 손가락을 펴서 시계방향으로 돌려 올린다. | **방어자:** 왼손날로 공격자의 손목을 밑에서 올려치면서 시계 반대방향으로 공격자의 왼손목을 돌려 잡으며 오른손목을 뺀다. |

| **방어자:** 오른팔굽으로 공격자의 명치를 친다. | **방어자:** 오른등주먹으로 공격자의 얼굴을 친다. |

2품(단)과정

 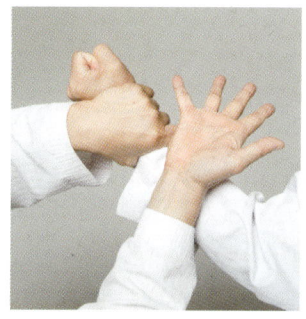

방어자: 시계 반대방향으로 손등을 공격자의 왼팔을 한 바퀴감아 돌린다.

시계 반대 방향으로 공격자의 왼팔을 붙여 돌린다.

방어자: 왼손으로 공격자의 뒷목을 누르고 오른 안팔목으로 공격자의 왼어깨 잡고 왼발을 뒤로 물러 어깨를 꺾는다.

방어자: 왼무릎으로 공격자의 얼굴을 친다.

방어자세를 취한 후 다음 상황에 대비한다.

Part4 태권도 호신술 실전상황 대치법

3. 3품(단) 과정

3. 3품(단) 과정

1) 오른발 돌려차기 할 때

상대방이 공격하려고 할 때

공격자: 오른발 돌려차기를 한다.
방어자: 왼아래막기와 동시에 오른바탕손 거들어 왼 팔로 걸어 막는다.

중간동작

방어자: 오른발을 앞으로 옮겨 공격자의 왼발을 걸어 오 른바탕손으로 쇠골을 친다.

옆차기 준비동작을 한다.

방어자 : 오른옆차기로 공격자의 얼 굴을 찬다.

방어자세를 취한 후 다음 상황에 대 비한다.

2) 오른발 앞차기, 오른주먹 지르기 할 때-1

상대방이 공격하려고 할 때

공격자: 오른발 앞차기를 한다.
방어자: 왼아래막기를 한다.

중간동작

공격자: 오른주먹 얼굴지르기를 한다.
방어자: 시계 방향으로 돌려 오른손등으로 눌러 막는다.

3품(단) 과정

방어자: 왼바탕손으로 공격자의 오른팔을 시계 방향으로 돌려 헤쳐 막는다.

방어자: 오른 주먹으로 이두근과 삼두근사이를 주먹으로 지른다.

방어자: 왼주먹으로 공격자의 얼굴을 돌려 지른다.

방어자: 오른발 돌려차기로 공격자의 얼굴을 찬다.

방어자세를 취한 후 다음 상황에 대비한다.

3) 오른발 앞차기, 오른주먹 지르기 할 때 -2

상대방이 공격하려고 할 때

공격자: 오른발 앞차기를 한다.
방어자: 왼아래막기를 한다.

중간동작

공격자: 오른주먹 지르기를 한다.
방어자: 오른바탕손으로 공격자의 손목을 눌러 막는다.

방어자: 왼팔로 공격자의 오른팔을 끼운다.

3품(단) 과정

방어자: 오른발로 공격자의 오른발을 걸어 오른손으로 공격자의 턱을 민다.

방어자: 공격자를 밀어 넘긴다.

방어자: 왼발 앞차기로 공격자의 얼굴을 찬다.   방어자세를 취한 후 다음 상황에 대비한다.

4) 오른발 앞차기, 왼주먹 지르기 할 때 -1

상대방이 공격하려고 할 때

공격자: 오른발 앞차기를 한다.
방어자: 왼아래막기를 한다.

공격자: 왼주먹 얼굴지르기를 한다.
방어자: 오른손날로 공격자의 왼손목 안막기를 한다.

방어자: 오른손날로 시계 반대방향으로 돌려 헤친다.

3품(단) 과정

중간동작

방어자: 왼발이 앞으로 옮겨 오른 바탕손으로 공격자의 늑골을 친다.

방어자: 왼바탕손으로 공격자의 턱을 친다.

방어자: 오른주먹으로 공격자의 명치를 지른다.

방어자: 오른 앞차기로 공격자의 얼굴을 찬다.

방어자세를 취한 후 다음 상황에 대비한다.

Part4 태권도 호신술 실전상황 대치법

5) 오른발 앞차기, 왼주먹 지르기 할 때 -2

상대방이 공격하려고 할 때

공격자: 오른발 앞차기를 한다.
방어자: 왼아래막기를 한다.

공격자: 왼주먹 얼굴지르기를 한다.
방어자: 오른바탕손으로 공격자의 손목을 눌러 막는다.

시계 반대방향으로 돌려 헤쳐낸다.

3품(단) 과정

왼주먹으로 옆지르기로 공격자의 명치를 지른다.

방어자: 왼발 옆차기로 공격자의 복부를 찬다.

뒤후려차기 준비동작을 한다.

방어자: 온몸돌려 오른발 뒤후려차기로 공격자의 얼굴을 찬다.

방어자세를 취한 후 다음상황에 대비한다.

6) 오른발 앞차기, 오른주먹 몸통, 왼주먹 얼굴지르기 할 때

상대방이 공격하려고 할 때

공격자: 오른발 앞차기를 한다.
방어자: 왼아래막기를 한다.

공격자: 오른 주먹 지르기로 방어자의 몸통을 지른다.
방어자: 왼발을 뒤로 물러 오른 안막기를 한다.

공격자: 왼 주먹 얼굴 지르기를 한다.
방어자: 오른 얼굴 막기를 한다.

방어자: 왼 주먹 지르기로 공격자의 명치를 지른다.

3품(단) 과정

앞차기 준비동작을 한다.   방어자: 왼 앞차기로 공격자의 얼굴을 찬다.

뒤 후려차기 준비동작을 한다.   방어자: 온몸 돌려 오른발 뒤후려차기로 공격자의 얼굴을 찬다.

방어자세를 취한 후 다음 상황에 대비한다.

7) 오른발 앞차기, 오른주먹, 왼주먹 지르기 할 때 -1

상대방이 공격하려고 할 때

공격자: 오른발 앞차기를 한다.
방어자: 왼아래막기를 한다.

공격자: 오른주먹 얼굴지르기를 한다.
방어자: 왼바탕손으로 눌러막기를 한다.

공격자: 왼주먹 얼굴지르기를 한다.
방어자: 왼손등으로 시계 반대방향으로 돌려 눌러 막는다.

3품(단) 과정

방어자: 오른손날 목치기로 공격자의 목을 친다.

방어자: 왼주먹으로 공격자의 명치를 지른다.

방어자: 오른발 앞차기로 공격자의 얼굴을 찬다.

방어자세를 취한 후 다음 상황에 대비한다.

8) 오른발 앞차기, 오른주먹, 왼주먹 지르기 할 때-2

상대방이 공격하려고 할 때

공격자: 오른발 앞차기를 한다.
방어자: 왼아래막기를 한다.

공격자: 오른주먹 지르기를 한다.
방어자: 왼바탕손으로 공격자의 손목을 눌러 막는다.

공격자: 왼주먹을 지르기를 한다.
방어자: 오른바탕손으로 눌러막는다.

방어자: 왼손날로 공격자의 왼팔 밖으로 시계 반대방향으로 돌려 막는다.

3품(단) 과정

중간동작

방어자: 왼아귀손으로 공격자의 목을 잡고 오른손으로 공격자의 오른쪽 머리를 잡는다.

방어자: 공격자의 목을 시계 방향으로 비틀어 넘긴다.

방어자: 왼주먹으로 공격자의 얼굴을 지른다.

방어자세를 취한 후 다음 상황에 대비한다.

9) 오른발 돌려차기, 오른손 뺨 때릴 때

상대방이 공격하려고 할 때

공격자: 오른발 돌려차기를 한다.
방어자: 왼 아래막기를 한다.

공격자: 오른손으로 방어자의 왼뺨을 때린다.
방어자: 왼손으로 공격자의 오른손목을 잡는다.

3품(단) 과정

중간동작

방어자: 오른발을 1보 앞으로 옮겨 왼손으로 공격자의 오른팔을 잡고 오른팔로 공격자의 목을 감아 잡는다.

방어자: 업어치기를 한다.

앞차기 준비동작을 한다.

방어자: 오른발 앞차기로 공격자의 얼굴을 찬다.

방어자세를 취한 후 다음 상황에 대비한다.

10) 빠른발 왼발 돌려차기, 왼주먹, 오른주먹 지르기 할 때

상대방이 공격하려고 할 때

공격자: 빠른발 왼발 앞돌려차기를 한다.
방어자: 왼앞서기에서 오른팔 아래막기를 한다.

공격자: 왼주먹 지르기를 한다.
방어자: 오른바탕손 눌러막기를 한다.

공격자: 오른주먹 지르기를 한다.
방어자: 왼바탕손으로 공격자의 오른손목을 눌러막는다.

방어자: 오른발을 앞으로 약간 옮긴다.

방어자: 왼주먹 치지르기로 공격자의 옆구리를 지른다.

3품(단) 과정

내려차기 준비동작을 한다.

방어자: 오른발로 시계 방향으로 돌려 공격자의 머리를 내려찬다.

방어자세를 취한 후 다음 상황에 대비한다.

11) 손목 잡혔을 때 - 꺾기 1

상대방이 공격하려고 할 때

공격자: 왼손으로 방어자의 오른손목을 잡아당긴다.

방어자: 시계방향으로 손목을 돌려 올린다.

방어자: 공격자의 손목을 양손으로 잡아 팔을 비틀어 잡는다.

방어자: 공격자의 팔굽이 명치 중앙에 위치하여 밀면서 공격자의 명치를 친다.

방어자: 옆차기 준비동작을 한다.

3품(단) 과정

중간동작

방어자: 왼발 당겨 오른발 옆차기로 공격자의 복부를 찬다.

중간동작

돌개차기 준비동작을 한다.

중간동작

방어자: 시계 반대방향으로 몸을 돌려 오른발 제자리 돌개차기로 공격자의 얼굴을 찬다.

방어자세를 취한 후 다음 상황에 대비한다.

12) 안손목 잡혔을 때- 꺾기 2

| 상대방이 공격하려고 할 때 | **공격자:** 오른손으로 방어자의 오른 안손목을 잡아당긴다. |

중간동작

| **방어자:** 시계방향으로 손목을 돌려 올린다. | **방어자:** 왼손날로 공격자의 손목을 눌러 오른손목을 뺀다. |

| **방어자:** 오른주먹 치지르기로 공격자의 복부를 지른다. | **방어자:** 양손으로 공격자의 목을 잡는다. |

3품(단) 과정

방어자: 왼 무릎으로 공격자의 얼굴을 친다.

방어자: 뒤차기 준비동작을 한다.

방어자: 왼 앞서기에서 시계방향으로 몸을 돌려 오른발 뒤차기로 공격자의 복부를 찬다.

방어자세를 취한 후 다음 상황에 대비한다.

13) 안손목 잡혔을 때- 꺾기 3

상대방이 공격하려고 할 때

공격자: 오른손으로 방어자의 오른 안손목을 잡아당긴다.

방어자: 시계방향으로 손목을 돌려 올린다.

왼손날로 공격자의 손목을 눌린다.

방어자: 오른손목을 뺀다.

방어자: 오른손 바탕손으로 공격자의 왼쪽 귀를 친다. **주의요망**

방어자: 왼아귀손으로 공격자의 목을 친다.

3품(단) 과정

중간동작

방어자: 오른주먹으로 공격자의 명치를 지른다.

방어자: 왼발 옆차기로 공격자의 목을 찬다.

방어자세를 취한 후 다음 상황에 대비한다.

14) 손목 잡혔을 때- 치기

| 상대방이 공격하려고 할 때 | **공격자**: 왼손으로 방어자의 오른손목을 잡아당긴다. |

| 시계방향으로 손목을 돌려 올린다. | **방어자**: 왼앞서기 자세에서 왼손날로 공격자의 내간혈(급소)를 치면서 손목을 뺀다. |

급/소/설/명

내간혈 (급소)은?
심포경위의 요혈로서 팔오금(팔이 접히는 부분)과 팔목사이의 정중앙에 있습니다. 극문혈이라고도 합니다. 정중신경과 내측전박피신경을 자극합니다.

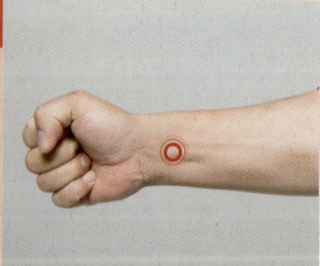

3품(단) 과정

중간동작

방어자: 왼손날로 공격자의 부돌혈(급소)를 친다.

방어자: 오른주먹으로 공격자의 명치를 지른다. | 방어자: 왼주먹으로 공격자의 명치를 지른다.

뒤후려차기 준비동작을 한다. | 방어자: 온몸 돌려 오른발 뒤후려차기로 공격자의 얼굴을 찬다. | 방어자세를 취한 후 다음 상황에 대비한다.

4. 4품(단) 과정

4. 4품(단) 과정

1) 뒤에서 등치며 오른주먹으로 얼굴 지르기

| 상대방이 공격하려고 할 때 | **공격자**: 방어자 뒤에서 왼손으로 왼쪽 어깨를 친다. |

공격자: 오른주먹으로 방어자의 얼굴을 돌려 지른다.
방어자: 손날목치기 자세를 한다.

방어자: 시계 반대방향으로 온몸 돌려 왼손날로 공격자의 오른손목을 막고 오른손날로 공격자의 급소(부돌혈)을 친다.

4품(단) 과정

| 방어자: 왼손으로 공격자의 손목을 잡고 시계 반대방향으로 밀어낸다. | 방어자: 오른 바탕손으로 공격자의 턱을 잡는다. | 방어자: 오른발을 공격자의 오른발에 걸어 왼손으로 공격자의 허리를 잡고 오른 바탕손으로 공격자의 얼굴을 밀어 넘긴다. |

| 앞차기 준비동작을 한다. | 방어자: 오른발 앞차기로 공격자의 얼굴을 찬다. | 방어자세를 취한 후 다음 상황에 대비한다. |

2) 뒤에서 팔 꺾어 올려 입 막고 있을 때

| 상대방이 공격하려고 할 때 | **공격자:** 뒤에서 오른손으로 방어자의 오른손목을 잡아 등 뒤로 올리고 왼손으로 방어자의 입을 막는다. | 오른발을 약간 옆으로 옮긴다. |

중간동작

 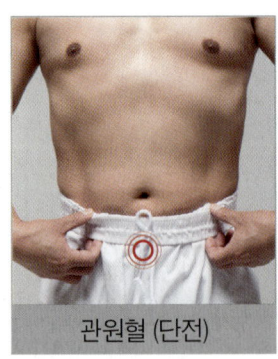

관원혈 (단전)

방어자: 오른발을 옆으로 약간 옮겨 왼메주먹으로 공격자의 급소(관원혈)을 내려친다.

4품(단) 과정

| **방어자**: 오른발을 시계방향으로 회전하여 옮기고 오른손목을 시계방향으로 돌려 공격자의 오른손목에 위치한다. | 오른발을 뒤로 물러 공격자의 오른손목을 양손으로 잡는다. | **방어자**: 오른발 돌려차기로 공격자의 얼굴을 찬다. |

| 주먹지르기 준비동작을 한다. | **방어자**: 왼발을 앞으로 옮겨 오른주먹 지르기로 공격자의 얼굴을 지른다. | 방어자세를 취한 후 다음 상황에 대비한다. |

3) 왼손으로 가슴 밀며 오른주먹 지를 때

상대방이 공격하려고 할 때

공격자: 왼바탕손으로 방어자의 가슴을 민다.
방어자: 뒤로 물러난다.

공격자: 오른주먹으로 얼굴을 지른다.

방어자: 왼손날로 공격자의 오른 손목을 막는다.

방어자: 오른손가락으로 얼굴(눈)을 친다. **주의 요망 (위급시 사용)**

4품(단) 과정

중간동작

방어자: 오른손날을 시계 반대방향으로 돌려 공격자의 오른팔을 헤쳐 막는다.

방어자: 왼주먹으로 공격자의 옆구리를 지른다.

방어자: 오른주먹으로 공격자의 얼굴을 지른다.

방어자: 오른발 옆차기로 공격자의 옆구리를 찬다.

방어자세를 취한 후 다음 상황에 대비한다.

4) 뒤에서 껴안았을 때 - 휴대폰 활용법

상대방이 공격하려고 할 때 | **공격자:** 뒤에서 방어자의 팔 안으로 껴안는다.

방어자: 휴대폰 모서리를 이용해 공격자의 손등을 내려친다.

  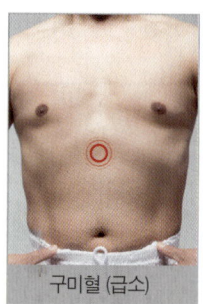

구미혈 (급소)

방어자: 왼팔굽으로 공격자의 얼굴을 친다. | **방어자:** 오른주먹으로 공격자의 구미혈(급소)를 지른다.
주의 요망 (치지르기는 위험)

4품(단) 과정

방어자: 오른발로 공격자의 낭심을 찬다.   **방어자:** 당성높이차기 준비동작을 한다.

방어자: 당성높이차기를 한다.

방어자세를 취한 후 다음 상황에 대비한다.

5) 어깨동무하여 협박할 때 - 휴대폰 활용법

상대방이 공격하려고 할 때

공격자: 오른팔로 방어자의 오른 어깨를 잡고 유인한다.

방어자: 목을 숙여 공격자의 오른팔 안으로 돌려 뺀다.

 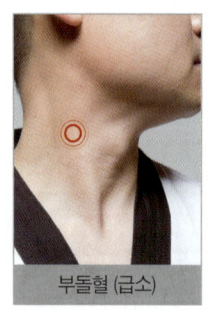 

부돌혈 (급소)

방어자: 오른손에 든 휴대폰 세로모서리로 공격자의 급소(부돌혈)을 친다. **주의 요망**

방어자: 왼발 옆차기로 공격자의 오른발 오금을 찬다.

4품(단) 과정

방어자: 내려차기 준비동작을 한다.

방어자: 왼발 내려차기로 공격자의 머리를 찬다.

돌려차기 준비동작을 한다.

방어자: 오른발 돌려차기로 공격자의 얼굴을 찬다.

방어자세를 취한 후 다음 상황에 대비한다.

6) 앞에서 핸드백을 뺏으려 할 때 - 핸드백 활용법

상대방이 공격하려고 할 때

공격자: 앞에서 양손으로 핸드백 끈을 잡아 뺏으려 한다.

방어자: 핸드백 끈을 잡고 왼발로 공격자의 낭심을 찬다.

방어자: 왼주먹으로 공격자의 얼굴을 지른다.

방어자: 시계방향으로 온몸돌려 오른발 뒤차기로 공격자의 복부를 찬다.

방어자세를 취한 후 다음 상황에 대비한다.

7) 뒤에서 핸드백을 뺏으려 할 때 - 핸드백 활용법

| 상대방이 공격하려고 할 때 | **공격자:** 뒤에서 방어자의 핸드백 끈을 잡아당긴다. |

| **방어자:** 오른손으로 핸드백 끈을 잡고 왼쪽으로 온몸 돌아 왼등주먹으로 공격자의 얼굴을 친다. | **방어자:** 오른주먹으로 공격자의 늑골을 지른다. |

| **방어자:** 뒤후려차기 준비동작을 한다. | **방어자:** 시계방향으로 온몸 돌려 오른발 뒤후려차기로 공격자의 얼굴을 찬다. | 방어자세를 취한 후 다음 상황에 대비한다. |

8) 오른 어깨 잡고 칼로 복부 찌를 때

상대방이 공격하려고 할 때

공격자: 왼손으로 방어자의 오른 어깨를 잡는다.

공격자: 왼손으로 방어자의 오른 어깨를 잡고 오른손으로 복부를 칼로 찌른다.

방어자: 왼비탕손으로 공격자의 오른손목을 몸 안쪽방향으로 밀어낸다.

4품(단) 과정

방어자: 오른팔을 공격자의 왼팔 안으로 넣는다.

방어자: 오른발로 공격자의 오른발을 걸어 오른팔굽으로 공격자의 목을 감아 조른다.

방어자: 양손으로 공격자의 오른손목을 잡는다.

방어자: 오른손으로 공격자의 칼을 아귀손 역방향으로 눌러 빼앗는다.

9) 앞에서 단도로 복부를 찌를 때

상대방이 공격하려고 할 때

공격자: 앞에서 단도로 복부 찌르기를 한다.

중간동작

방어자: 양손날막기로 공격자의 오른팔을 막는다.

4품(단) 과정

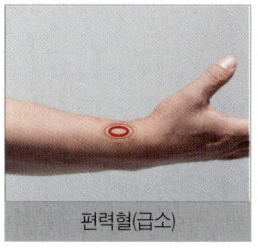
편력혈(급소)

방어자: 왼손으로 공격자의 오른팔을 잡고 오른손날로 급소(편렵혈)를 친다.

방어자: 오른발 옆차기로 공격자의 오금을 찬다.

방어자: 왼발 내려차기로 공격자의 머리를 찬다.

방어자: 돌려차기 준비동작을 한다.

방어자: 오른발 돌려차기로 공격자의 얼굴을 찬다.

방어자세를 취한 후 다음 상황에 대비한다.

10) 뒤에서 왼손으로 어깨 잡고 오른손으로 목에 칼을 대고 있을 때

공격자: 뒤에서 왼손으로 어깨 잡고 오른손으로 목에 칼을 대고 있다.

중간동작

방어자: 양손으로 공격자의 오른팔을 잡아당겨 몸에 밀착한다.

4품(단) 과정

방어자: 왼발을 방어자의 오른발 뒤로 옮겨 목을 공격자의 팔 밑으로 돌려 오른 어깨로 칼을 밀어 공격자의 옆구리를 찌른다.

방어자: 왼손으로 공격자의 오른팔을 잡고 오른손으로 공격자의 목을 잡는다.

방어자: 왼손으로 팔을 꺾어 오른손으로 공격자의 목을 잡아 왼발로 공격자의 오른발을 걸어 넘긴다.

방어자: 왼손으로 공격자의 오른팔을 꺾고 오른손으로 공격자의 목을 눌러 제압한다.

방어자: 공격자의 오른팔에 왼무릎을 고정하고 오른무릎을 세워 칼을 빼앗는다.

11) 몽둥이로 위에서 내려칠 때

상대방이 공격하려고 할 때

공격자: 오른손으로 몽둥이를 위에서 아래로 방어자의 머리를 친다.

방어자: 오른발을 앞으로 옮겨 왼손을 높이 들어 공격자의 몽둥이를 팔 바깥으로 흘러내리게 한다.

4품(단) 과정

중간동작

방어자: 오른손으로 몽둥이 위를 잡고 공격자의 손등 아귀손 방향으로 지렛대 원리로 뺀다.

방어자: 몽둥이를 양손으로 잡아 공격자의 목젖을 친다.

방어자: 앞차기 준비동작을 한다.

방어자: 왼발 앞차기로 공격자의 낭심을 찬다.

방어자세를 취한 후 다음 상황에 대비한다.

12) 몽둥이로 위에서 사선으로 내려칠 때

| 상대방이 공격하려고 할 때 | **공격자:** 몽둥이로 우측에서 좌측으로 위에서 사선으로 방어자의 얼굴을 내려친다. |

| **방어자:** 오른발을 앞으로 옮겨 양손으로 공격자의 오른팔을 막는다. | **방어자:** 오른손으로 몽둥이 위를 잡는다. | **방어자:** 공격자의 손등 아귀손 방향으로 지렛대 원리로 뺀다. |

4품(단) 과정

방어자: 몽둥이 끝부분으로 공격자의 옆구리를 찌른다.

방어자: 오른손으로 시계 반대방향으로 회전하여 좌에서 우측으로 공격자의 목을 친다.

방어자: 내려차기 준비동작을 한다.

방어자: 오른발 시계방향으로 돌려 내려차기로 공격자의 얼굴을 찬다.

방어자세를 취한 후 다음 상황에 대비한다.

13) 몽둥이로 위에서 내려치고 얼굴 돌려칠 때

상대방이 공격하려고 할 때

공격자: 몽둥이로 우측에서 좌측으로 위에서 대각선으로 방어자의 얼굴을 내려친다.
방어자: 자세를 낮추어 피한다.

중간동작

공격자: 우측으로 몽둥이를 방어자의 얼굴을 친다.
방어자: 앞으로 나가 공격자의 팔을 양손날로 막는다.

방어자: 오른손으로 공격자 몽둥이의 긴 쪽을 잡는다.

방어자: 잡은 몽둥이를 밑으로 내려 지렛대 원리를 이용해 몽둥이를 빼앗는다.

4품(단) 과정

방어자: 왼손으로 위에서 잡고 오른손으로 아귀손으로 잡아 공격자의 복부를 찌른다.

방어자: 몽둥이를 돌려 공격자의 얼굴을 친다.

방어자: 앞차기 준비동작을 한다.

방어자: 오른 앞차기로 공격자의 얼굴을 찬다.

방어자세를 취한 후 다음 상황에 대비한다.

Part4 태권도 호신술 실전상황 대치법

14) 양손으로 몽둥이 잡고 사선으로 내려칠 때

| 상대방이 공격하려고 할 때 | **공격자:** 양손으로 몽둥이를 잡고 사선으로 방어자의 머리를 친다. |

| **방어자:** 오른발을 앞으로 옮겨 양손날 막기로 공격자의 양팔을 막는다. | **방어자:** 오른팔을 공격자의 팔 안으로 넣는다. | **방어자:** 오른팔을 공격자의 오른팔 밖으로 돌려 올린다. |

4품(단) 과정

  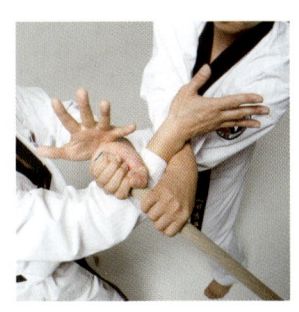

방어자: 오른손을 공격자의 양손목 안으로 위에서 아래로 돌려 공격자의 오른손을 시계방향으로 양팔을 누른다.

방어자: 왼손으로 몽둥이를 아래에서 잡아뺀다.

방어자: 몽둥이를 양손으로 잡아 공격자의 오른쪽 얼굴을 친다.

방어자: 몽둥이를 우측에서 좌측으로 공격자의 왼쪽 얼굴을 돌려친다.

방어자세를 취한 후 다음 상황에 대비한다.

15) 앞에서 권총을 가슴을 겨눌 경우 - 1

공격자: 오른손으로 권총을 방어자 가슴 쪽으로 겨눈다.

방어자: 왼손으로 공격자의 권총총구를 잡아 공격자 가슴방향으로 돌린다.

중간동작

방어자: 왼손으로 총구를 잡고 오른바탕손으로 공격자의 손목을 쳐낸다.

권총을 빼앗아 공격자에게 겨눈다.

방어자세를 취한 후 다음 상황에 대비한다.

16) 앞에서 권총을 가슴을 겨눌 경우 - 2

공격자: 오른손으로 권총을 방어자 가슴 쪽으로 겨눈다.

방어자: 왼발을 앞으로 옮겨(나란히서기) 왼팔 겨드랑이를 공격자의 오른팔을 끼고 오른손으로 총구를 밑에서 위로 잡는다.

중간동작

공격자: 왼팔굽으로 공격자의 얼굴을 친다.

공격자: 양손으로 총을 잡아 방어자 왼쪽으로 돌려 총을 빼앗는다.

방어자세를 취한 후 다음 상황에 대비한다.

17) 뒤에서 권총을 머리에 겨눌 경우

공격자: 뒤에서 오른손으로 권총을 방어자 머리 쪽으로 겨눈다. | **방어자:** 시계방향으로 온몸을 돌린다. | **방어자:** 오른손으로 총구를 잡는다.

  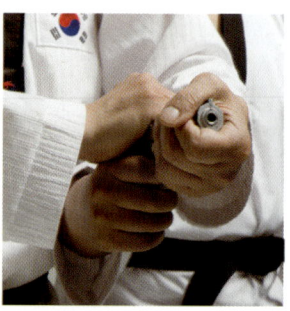

방어자: 왼팔굽으로 공격자의 오른팔을 끼워 총을 빼앗는다.

방어자: 양손으로 총구를 잡아 방어자 왼쪽으로 돌려 빼앗는다.

4품(단) 과정

18) 앞에서 왼손으로 멱살 잡고 오른손으로 권총을 머리에 겨눌 경우

공격자: 앞에서 왼손으로 멱살을 잡고 오른손으로 권총을 방어자 머리 쪽으로 겨눈다.

방어자: 자세를 낮추어 왼손으로 총구를 위로 올려 잡는다.

방어자: 오른손으로 총구를 잡아 왼쪽으로 돌린다.

방어자: 총을 빼앗아 총구를 공격자에게 겨눈다.

방어자세를 취한 후 다음 상황에 대비한다.

Part4 태권도 호신술 실전상황 대치법 **247**

PART 5

타 무술 경험

PART 5 타 무술 경험

〈 타 무술 경험을 위한 기본기술 익히기 〉

1. 손목관절훈련

손목의 근을 강하게 하며 손목의 혈액순환을 돕는다.

1) 혼자서 손목관절훈련

| 주춤서기를 한다. | 손가락을 펴서 새끼손가락 방향으로 손목을 꺾는다. | 시계방향으로 돌린다. |

| 시계방향으로 돌린다. | 엄지손가락 방향으로 손목을 꺾는다. | 시계방향으로 돌린다. |

| 오른 큰돌쩌기 자세를 한다. | 시계 반대방향으로 새끼손가락 방향으로 손목을 꺾어 돌린다. |

| 시계 반대방향으로 손목을 돌린다. | 시계 반대방향으로 손목을 돌린다. |

| 엄지손가락 방향으로 손목을 꺾어서 시계 반대방향으로 손목을 돌린다. | 시계 반대방향으로 손목을 돌린다. | 주춤서기 자세를 한다. |

◆ 오른쪽 손목관절훈련도 함께 연습한다. ◆

2) 2인 1조 손목관절훈련

| 주춤서기를 한다. | **공격자**: 왼주먹 얼굴 지르기를 한다.
방어자: 새끼손가락을 방향으로 손목을 꺾어 공격자의 오른손목을 막는다. |

| **방어자**: 시계 반대방향으로 돌린다. | **방어자**: 손목을 올려 엄지손가락 방향으로 손목을 돌린다. | **방어자**: 큰돌쩌기 자세를 한다. |

공격자: 오른주먹 얼굴 지르기를 한다.
방어자: 새끼손가락을 방향으로 손목을 꺾어 공격자의 오른손목을 막는다.

방어자: 시계방향으로 돌린다.

중간동작

방어자: 손목을 올려 엄지손가락 방향으로 손목을 돌린다.

주춤서기를 한다.

◆ 왼손목 관절훈련도 함께 연습한다.◆

◆ 손목관절훈련 ◆

손목의 근을 강하게 하며 손목의 혈액순환을 돕는다.

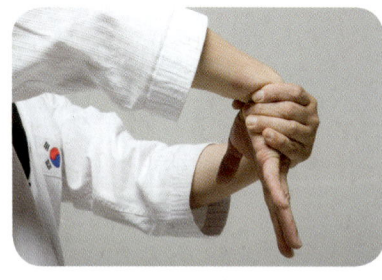

왼손으로 손등을 잡아 눌러 오른손목을 꺾는다.

왼손으로 손가락을 뒤로 당겨 손목을 꺾는다.

오른손목을 내회전 왼손 엄지손가락으로 손등을 눌러 꺾는다.

오른손을 외회전하여 왼손으로 손등을 잡아당겨 꺾는다.

지도 주안점

가. 손목관절 근력을 높이기.

나. 손목관절을 통한 회전력 키우기.

다. 손목관절 유연성 운동의 필요성.

라. 지력훈련을 통한 잡기기술 향상.

2. 낙법

1) 낙법의 이해

낙법은 예상치 못한 위험한 상황의 외부 충격으로부터 몸을 보호하는 방법으로 부드럽고 자연스럽게 그 흐름에 순행하여야 하며 몸의 한 부분에 힘을 치중하지 말고 몸 전체로 고루 퍼지게 한다. 낙법 시 항상 머리를 들어 바닥에 닿지 않도록 하여야 한다.

자세의 각도에 따라 다양한 낙법의 기술 또한 필요성이 존재하지만 타 무술의 기본적인 낙법의 종류도 접목하여 본 교재에 소개하고자 한다. 필요한 낙법의 종류를 기본적으로 익힘으로써 태권도호신술을 이해하는 데 많은 도움이 될 것이다.

낙법은 그 종류에 따라 전방낙법, 후방낙법, 측방낙법, 구르기, 장애물낙법, 점프고층낙법 등 낙법의 기본과정인 기초적인 과제를 실었다.

2) 낙법의 좋은 점

- 자기 몸을 안전하게 유지하는 기능
- 넘어졌을 때 자기 신체의 충격을 최대한 적게 할 수 있다.
- 부상을 방지하고 안전하게 넘어지는 효과적인 방법
- 부상에 대한 공포심을 적게 하고 굴러떨어짐으로서의 두려움을 없앨 수 있다.
- 위기 상황에 적절히 대처할 수 있다.

3) 낙법의 특징

- 도전정신과 두려움에 대한 자신감 개선에 도움이 된다.
- 배움에 흥미를 갖게 한다.
- 남녀노소 누구나 할 수 있다.
- 자기 몸에 대한 부상예방에 효과적인 기술로 이루어져 있다.

4) 전방낙법

(1) 전방구분낙법 - 1

| 양 무릎을 꿇고 양손을 얼굴 앞에 둔다. | 양손으로 바닥을 친다. |

(2) 전방구분낙법 - 2

| 양 무릎을 세우고 양손을 얼굴 앞에 둔다. | 양손을 바닥을 치고 양발을 위로 올린다. |

(3) 전방구분낙법 - 3

| 쪼그리고 앉아 양손을 얼굴 앞에 둔다. | 양발을 뒤로 빼면서 무릎을 펴고 양손으로 바닥을 친다. |

(4) 전방구분낙법 - 4

| 나란히 서기 자세에서 양손을 얼굴 앞에 둔다. | 쪼그리고 앉아 양손을 얼굴 앞에 둔다. |

양발을 뒤로 빼면서 무릎을 펴고 양손으로 바닥을 친다.

5) 후방낙법

(1) 후방구분낙법 - 1

| 뒤로 누워 양손을 교차자세를 한다. | 양손을 45도 아래 바닥을 친다. |

(2) 후방구분낙법 - 2

| 뒤로 누워 양 무릎을 접어 세우고 양손을 교차자세를 한다. | 양 무릎을 접어 세우고 양손을 45도 아래 바닥을 친다. |

(3) 후방기본낙법 - 1

| 발을 90도로 올려세우고 머리를 들어 양손을 교차자세를 한다. | 발을 90도로 올려세우고 머리를 들어 양손으로 바닥을 친다. |

(4) 후방기본낙법 - 2

| 쪼그리고 앉아 양손을 앞으로 모아 교차자세를 한다. | 발을 90도로 올려세우고 머리를 들어 양손으로 바닥을 친다. |

6) 측방낙법

(1) 측방구분낙법 - 1

뒤로 누워 오른손으로 띠 가운데를 잡고 왼손은 오른쪽 어깨 위치에 둔다.

| 오른손으로 띠 가운데를 잡고 왼손으로 45도 아래 바닥을 친다. | 뒤로 누워 왼손으로 띠 가운데를 잡고 오른손은 왼쪽 어깨 위치에 둔다. |

왼손으로 띠 가운데를 잡고 오른손으로 45도 아래 바닥 친다.

(2) 측방구분낙법 - 2

뒤로 누워 오른무릎을 세우고 왼무릎은 바닥에 붙여 오른손으로 띠 가운데를 잡고 왼손은 오른쪽 어깨 위치에 둔다.

뒤로 누워 오른 무릎을 세우고 왼무릎은 바닥에 붙여 오른손으로 띠 가운데를 잡고 왼손으로 45도 아래 바닥을 친다.

뒤로 누워 왼무릎을 세우고 오른무릎은 바닥에 붙여 왼손으로 띠 가운데를 잡고 오른손은 왼쪽 어깨 위치에 둔다.

뒤로 누워 왼 무릎을 세우고 오른무릎은 바닥에 붙여 왼손으로 띠 가운데를 잡고 오른손으로 45도 아래 바닥을 친다.

(3) 측방구분낙법 - 3

머리를 들어 왼무릎을 바닥에 붙여 오른손으로 띠 가운데를 잡고 왼손은 오른쪽 어깨 위치에 둔다.

머리를 들어 왼무릎을 바닥에 붙여 오른손으로 띠 가운데를 잡고 왼손으로 45도 아래 바닥을 친다.

머리를 들어 오른무릎을 바닥에 붙여 왼손으로 띠 가운데를 잡고 오른손은 왼쪽 어깨 위치에 둔다.

머리를 들어 오른무릎을 바닥에 붙여 왼손으로 띠 가운데를 잡고 오른손으로 45도 아래 바닥을 친다.

(4) 측방구분낙법 - 4

| 나란히 서서 왼손으로 띠를 잡고 오른손으로 왼쪽 어깨에서 오른쪽 어깨 방향으로 손날을 펴서 팔을 뻗는다. | 오른발을 꼬아서기 자세를 하고 오른손으로 왼쪽 어깨 방향으로 둔다. |

| 오른무릎을 바닥에 붙여 왼손으로 띠 가운데를 잡고 오른손으로 45도 아래 바닥을 친다. | 나란히 서서 오른손으로 띠를 잡고 왼손으로 오른쪽 어깨에서 왼쪽 어깨 방향으로 손날을 펴서 팔을 뻗는다. |

| 왼발을 꼬아서기 자세를 하고 왼손으로 오른쪽 어깨 방향으로 둔다. | 왼무릎을 바닥에 붙여 오른손으로 띠 가운데를 잡고 왼손으로 45도 아래 바닥을 친다. |

7) 구르기 낙법

(1) 구르기 낙법

| 오른발을 앞에 두고 구르기 낙법자세를 한다. | 오른발을 앞에 두고 왼손을 바닥에 짚고 오른손날을 구르는 방향으로 둔다. |

| 왼무릎을 펴고 오른 어깨 방향으로 구른다. | 왼무릎은 바닥에 오른발을 세워 앞으로 두고 오른손은 띠를 잡고 왼손을 바닥을 친다. |

8) 장애물 낙법

| 두 발을 모아 낙법준비를 한다. | 몸을 잠시 펴고 다시 접어 몸을 둥글게 한다. |

| 손이 먼저 바닥에 닿고 어깨, 몸통, 다리 순으로 닿는다. | 왼무릎은 바닥에 오른발을 세워 앞으로 두고 오른손은 띠를 잡고 왼손을 바닥을 친다. |

9) 점프고층낙법

| 두 발을 모아 낙법준비를 한다. | 두 발을 모아 점프를 하여 높은 장애물을 넘는다. |

| 손이 먼저 바닥에 닿고 어깨, 몸통, 다리 순으로 닿는다. | 왼무릎은 바닥에 오른발을 세워 앞으로 두고 오른손은 띠를 잡고 왼손을 바닥을 친다. |

3. 방어 10 동작

1) 혼자서 하는 훈련

| 방어자세를 한다. | 오른손날로 얼굴막기를 한다. |

| 오른손날로 우측에서 좌측으로 얼굴 안막기를 한다. | 오른손날로 좌측에서 우측으로 얼굴 바깥막기를 한다. |

| 시계 반대방향으로 돌린다. | 손날 돌려 아래막기를 한다. | 왼손날 아래, 오른손날 위로 엇걸어 왼쪽 허리막기를 한다. |

| 양 손날 세워 좌측 얼굴막기를 한다. | 양 손날 엇걸어 얼굴 올려 막기를 한다. |

| 양 손날 엇걸어 아래 막기를 한다. | 양 손날 헤쳐 얼굴 막기를 한다. |

| 양 손날 헤쳐 아래 막기를 한다. | 방어자세를 한다. |

2) 2인 1조 방어훈련

| 겨루기 자세를 한다. | **공격자:** 얼굴지르기를 한다.
방어자: 오른손날로 얼굴막기를 한다. |

| **공격자:** 오른주먹 얼굴 돌려지르기를 한다.
방어자: 오른손날로 우측에서 좌측으로 얼굴 안막기를 한다. | **공격자:** 왼주먹으로 얼굴 돌려지르기를 한다.
방어자: 오른손날로 좌측에서 우측으로 얼굴 바깥막기를 한다. |

| **공격자:** 왼발 돌려차기를 한다.
방어자: 시계 반대방향으로 손날 돌려 아래막기를 한다. | **공격자:** 오른발 돌려차기로 방어자의 허리를 찬다.
방어자: 왼손날 아래, 오른손날 위로 엇걸어 왼쪽 허리 막기를 한다. |

공격자: 오른발로 얼굴 돌려차기를 한다.
방어자: 양 손날 세워 좌측 얼굴막기를 한다.

공격자: 메주먹으로 머리를 위에서 내려친다.
방어자: 양 손날 엇걸어 얼굴 올려 막기를 한다.

공격자: 오른발을 낭심을 찬다.
방어자: 양 손날 엇걸어 아래막기를 한다.

공격자: 양손으로 머리를 잡으려 한다.
방어자: 양 손날 헤쳐 얼굴막기를 한다.

공격자: 양손으로 허리를 잡으려 한다.
방어자: 양 손날 헤쳐 아래막기를 한다.

방어자세를 한다.

4. 손목빼기 훈련

구 분	내 용	비고
주제(제목)	바깥손목빼기 1~5번	
교육적용 횟수		
내 용	**- 바깥손목빼기 - 1번-** · 공격자는 방어자의 오른 손목을 잡는다. · 방어자는 손가락을 펴서 시계 반대방향으로 돌려서 공격자의 손목 위로 올린다. · 방어자는 왼손으로 오른손날을 잡고 왼어깨 방향으로 당기면서 손목을 뺀다. **- 바깥손목빼기 - 2번-** · 공격자는 방어자의 오른 손목을 잡는다. · 방어자는 오른발을 45도 방향 앞으로 옮겨 손가락을 펴서 시계 반대방향으로 손목을 돌린다. · 방어자는 손목을 안으로 돌려 팔굽을 접어 앞으로 밀면서 뺀다. **- 바깥손목빼기 - 3번-** · 공격자는 방어자의 오른 손목을 잡는다. · 방어자는 손가락을 펴서 시계방향으로 손목을 돌려 올린다. · 방어자는 오른발을 앞으로 옮겨 밀면서 뺀다. **- 바깥손목빼기 - 4번-** · 공격자는 방어자의 오른 손목을 잡는다. · 방어자는 오른발을 앞으로 옮겨 손날을 세운다. · 방어자는 손날을 세우고 팔굽을 접어 위로 올려 뺀다. **- 바깥손목빼기 - 5번-** · 공격자는 방어자의 오른 손목을 잡는다. · 방어자는 오른발을 앞으로 옮겨 손을 펴서 오른손을 허리에 붙인다. · 시계 반대방향으로 몸을 돌려 뺀다.	
핵 심	· 엄지와 집게손가락 사이로 손목을 뺀다. · 빼기의 기술을 손가락 끝 부분과 지렛대의 역할을 이해하면 손목빼기가 쉬워진다. · 적절한 타이밍과 순발력으로 공격자의 힘의 원리를 이용하여 역방향으로 활용하면 성공확률이 높다.	

지도 주안점

1. 간단한 운동 기구로 지력훈련을 함으로써 관절과 손가락 근력이 향상된다.

2. 손가락 끝 부분과 손목 회전의 순발력이 중요하다.

3. 상황판단과 순간적인 타이밍이 중요하다.

4. 성공적인 빼기기술을 한 후에 공격자세를 한다.

1) 손목빼기 - 1번

가) 공격자는 방어자의 오른손목을 잡는다.

나) 방어자는 손가락을 펴서 시계 반대방향으로 돌려서 위로 올린다.

다) 방어자는 위에서 양손을 잡는다.

라) 방어자는 왼손으로 오른손날을 잡고 왼어깨 방향으로 당기면서 손목을 뺀다.

2) 손목빼기 - 2번

가) 공격자는 방어자의 오른 손목을 잡는다.

나) 방어자는 오른발을 45도 방향 앞으로 옮겨 손가락을 펴서 시계 반대방향으로 손목을 돌린다.

다) 방어자는 손등이 위로 향하게 하고 팔굽을 접어 앞으로 밀면서 뺀다.

3) 손목빼기 - 3번

가) 공격자는 방어자의 오른 손목을 잡는다.

나) 방어자는 손가락을 펴서 시계 방향으로 손목을 돌려 올린다.

다) 방어자는 오른발을 앞으로 옮겨 밀면서 뺀다.

4) 손목빼기 - 4번

가) 공격자는 방어자의 오른 손목을 잡는다.

나) 방어자는 오른발을 앞으로 옮겨 손날을 세운다.

다) 방어자는 손날을 세우고 팔굽을 접어 위로 올려 뺀다.

5) 손목빼기 - 5번

가) 공격자는 방어자의 오른 손목을 잡는다. | 나) 방어자는 손을 펴서 오른 허리에 붙인다.

다) 왼발이 시계 반대방향으로 몸을 돌린다. | 라) 몸을 돌려 손목을 뺀다.

인용 및 참고문헌

- 호신술의 이해 / 최성곤(2013) / 계명대학교출판부
- 호신술 / JOAN M.NELSON 저 김창우 역 (2006.2) / 대한미디어
- 태권도호신술 / 이규형, 이경명, 지유선 공저 (2006.8)
- 태권도교본 / 국기원 (2006.2) 재판
- 태권도공인품새해설 / 강익필, 송남정 공저 (2007) / 상아기획
- 우리무예풍속 / 허인욱(2005.8) / 푸른역사 도서출판
- 권법요결 / 김광석(1993.10) / 東文選 /韓國武藝院
- 삶의무예 / 양종언(1999.12) / 학민사
- 武道論 / 金正幸.金相喆.金昌龍(1997.3) / 대한미디어도서출판
- 태권도현대사와 길동무하다 / 서성원(2007.2) / 상아기획
- SPORT AND MEDICINE / Peter N.Sperryn 著 朴元夏 譯(1993.7) / 대한교과서주식회사
- Power 호신술 / 시모다 쥬신 저(2007.4) / 삼호미디어
- 인체의 구조와 기능 / 고일선 (2011.3) / 은하출판사
- 穴道호신술 / 池龍彦 (1973.4) / 태웅출판사
- 인체해부도 / 민유정 (1998.8) / 대경도서출판사
- 한풀울 빌랑대 / 김정윤 (2001.3) / 밝터출판사
- 호신태권도 / 정현도 (1999.3) / 상아기획
- 실전3초 호신술 / 조원상 (1997.11) / 태웅출판사
- 무예사 연구 / 양해경 (1991.8) / 학민사
- 과학적 운동요법 / 김영호 (1996.3) / 서림문화사
- 택견 / 이용복 (1990.12) / 학민사
- 특공무술이해 / 장수옥, 김두현 공저 (2005.3) / 경호출판사
- 合氣道의 科學 / 吉丸慶雪 著 姜泰鼎 譯 (1994.7) / 서림문화원
- 發勁의과학 / 吉丸慶雪 著 姜泰鼎 譯 (1994.9) / 서림문화원
- 신체교정학 / 허일웅 (1991.3) / 도서출판 금광

저자약력

김영수

* 대한태권도협회 호신술 책임연구원
* 대한태권도협회 호신술 집필 책임연구원
* 대한태권도협회 청소년 및 성인태권도 개발연구원
* 대한태권도협회 청소년 및 성인태권도 호신술 강사
* 대한태권도협회 태권도장 경영 및 지도법 전문교육과정 호신술 강사
* 세계태권도문화엑스포(world TKD culture Expo) 호신술 강사
* 대한태권도협회 도장부문 홍보분과 위원장
* 전) 대한태권도협회 도장분과 부위원장
* 문화체육관광부 장관 표창

김충환

* 부산대학교 박사
* 부산대학교 외래교수
* 대한태권도협회 호신술교재 집필연구원
* 대한태권도협회 청소년 및 성인활성화 호신술 강사
* 대한태권도협회 호신술 강사
* 세계태권도문화엑스포(world TKD culture Expo) 호신술 강사
* 대한태권도협회 도장부문 행사분과 부위원장
* MBC 다이어트 코리아 감독관
* 경남 교육공무원 면접위원
* 경남 사회복지 공동모금회 실행위원
* 창원 중부경찰서 경찰발전위원회 선도분과위원장
* 국기원 원장 표창
* 대한태권도협회 최우수강사 표창
* 제3회 전국태권도장 경영 및 지도법 대상수상

KTA 대한태권도협회

KTA 도장지원사업 교육과정 첫번째 교재

이 책은 태권도를 통해서 인성 덕목을 습득하는 실천적 인성교육을 지향한다. 인성 덕목은 자기가치 영역 12개, 대인관계 영역 8개, 사회정의 영역 4개의 총 24개 덕목을 수록하였다.

KTA 도장지원사업 교육과정 두번째 교재

태권도의 기본이 되며 실전에 사용 가능한 손기술! 도장에서 활용가능한 손기술 지도법 72회 프로그램 수록!!

KTA 도장지원사업 교육과정 세번째 교재 ③

태권도 품새와 호신술이 만났다!

태권도 기술체계를 기본바탕으로 품새동작과 겨루기 기술동작을 응용하여 실전성에 용이하도록 공격에 대한 방어기술, 반격기술, 선수기술 및 제압기술 등을 호신술에 접목한 것이다. 태권도 품새 응용 KTA 호신술은 기술의 연속성과 공격을 중단시키는 방어적이며 치명적인 제압기술체계이다. 신체의 관절과 급소 및 공격방향, 속도, 중심이동 등 타 무술의 장단점을 보완해 태권도의 발차기 기술과 주먹기술을 효과적으로 발휘할 수 있게 구성되었다.

애니빅 · 상아기획의 태권도도서

KTA태권도실전손기술	KTA태권도인성교육	성공하는 도장을 위한 체육관 경영론	태권도 아동 인성발달 개론	태권도 품새 응용 KTA 호신술
가격 29,000원	가격 17,000원	가격 29,000원	가격 35,000원	가격 29,000원

   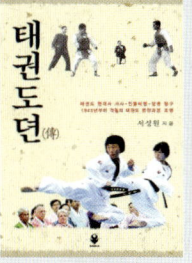 

태권도의 과학	굼벵이 태권도 사범의 좌충우돌 미국 체험기	태권도 공인 품새 해설	태권도던	우표로보는 태권도 발자취
가격 30,000원	가격 13,000원	가격 22,000원	가격 18,000원	가격 29,000원

  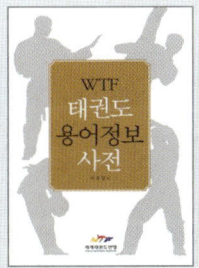 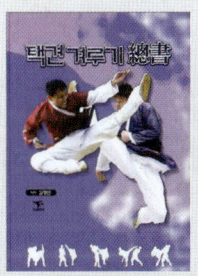 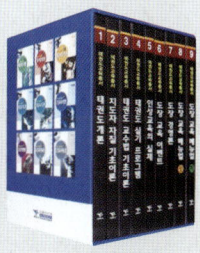

경찰 호신 체포술	태권도의 삼재 강유론	WTF 태권도 용어정보 사전	택견겨루기총서	태권도 교육 총서
가격 23,000원	가격 11,000원	가격 30,000원	가격 45,000원	가격 180,000원

- 태권도 철학·원리 집요 / 조성훈 / 25,000원
- 대한민국 태권도 오천년사 / 최점현 / 12,000원
- 우리 태권도의 역사 / 강원식, 이경명 / 12,000원
- TAEKWONDO BIBLE / 이창후 / 80,000원
- 태권도 심경 / 이창후 / 8,000원
- 태권도학 연구 / 태권도문화연구소 / 12,000원
- 대학태권도수련론 / 현석주 / 24,000원

- 천명도장 만들기 / 조성길, 조성천 / 17,000원
- (개정판)태권도 현대사와 새로운 논쟁들 / 이창후 / 12,000원
- 태권도 숲을 거닐다 / 서성원 / 12,000원
- 태권도 품새론 / 이경명 / 10,000원
- 태권도의 정신세계 / 이경명 / 10,000원
- 태권도의 바른이해 / 이경명 / 10,000원

TKD SANGA | 검색창에 **상아기획** www.tkdsanga.com | 태권도 대표쇼핑몰 **상아기획** | 태권도 문화콘텐츠 www.anibig.com